隐形冠军杰克

一个全球化先锋的关键增长之路

乔诺咨询 —— 出品

杨 铎 ———— 著

浙江工商大学出版社
ZHEJIANG GONGSHANG UNIVERSITY PRESS

·杭州·

图书在版编目（CIP）数据

隐形冠军杰克：一个全球化先锋的关键增长之路 /
杨铎著. — 杭州：浙江工商大学出版社，2024.1
ISBN 978-7-5178-5925-3

Ⅰ. ①隐… Ⅱ. ①杨… Ⅲ. ①缝纫机－股份有限公司
－工业企业管理－经验－浙江 Ⅳ. ①F426.86

中国国家版本馆CIP数据核字(2024)第004057号

隐形冠军杰克：一个全球化先锋的关键增长之路

YINXING GUANJUN JIEKE: YI GE QUANQIUHUA XIANFENG DE GUANJIAN ZENGZHANG ZHI LU

杨　铎 著

策划编辑	郑　建
责任编辑	高章连
责任校对	沈黎鹏
封面设计	叶怡涵
责任印制	包建辉
出版发行	浙江工商大学出版社
	（杭州市教工路198号　邮政编码310012）
	（E-mail: zjgsupress@163.com）
	（网址：http://www.zjgsupress.com）
	电话：0571-88904980，88831806（传真）
排　版	杭州林智广告有限公司
印　刷	浙江海虹彩色印务有限公司
开　本	710mm×1000mm　1/16
印　张	20.75
字　数	260千
版 印 次	2024年1月第1版　2024年1月第1次印刷
书　号	ISBN 978-7-5178-5925-3
定　价	88.00元

从《隐形冠军杰克》这本书中，我看到了一种可能：服装产业的智能制造转型在杰克等优秀企业的带领下逐步实现并走向成熟，中国服装行业实现时尚强国梦，或许并不遥远。

——陈大鹏　中国纺织工业联合会副会长、中国服装协会会长

《隐形冠军杰克》一书对杰克实现持续增长的根本原因进行了深度总结，提炼了杰克从"跟跑""并跑"到"领跑"的八大关键要素。这八大关键要素不仅对行业极具推广借鉴意义，对行业外的企业也具有参考价值。

——何烨　中国轻工业联合会副会长、中国缝制机械协会名誉会长

杰克的独特之处在于：始终专注，把所有资源、精力都聚焦在主业上；善于把握时机，不断提升内生动力，追求高质量发展；团队建设和文化建设做得非常好，营造了努力创新、创业的环境。虽然杰克的营收达到了行业内企业的顶峰，但我觉得还有很大的发展潜力，杰克要拓展，整个行业也要拓展。

——杨晓京　中国缝制机械协会理事长

多年来的坚守和布局，使得杰克成为中国制造业的一颗明星。中国从制造业大国向制造业强国转变，需要千万个像杰克一样在细分领域长期默默耕耘的隐形冠军，共同推动国家竞争力的提升，不负时代赋予企业的历史使命。

——张江平　太平鸟集团董事长

我们这一批民营企业家赶上了一个好时代，在国家政策的指引下，抓住了一个又一个发展机会，推动国产品牌的产品力和品牌力持续提升，见证了国家实力、民族自信的不断增强。我也祝愿，下一个二十年，杰克能够攀越更多的山峰，以中国式增长领跑世界。

——丁水波　特步集团董事局主席兼CEO

《隐形冠军杰克》是一部管理实学之作，以增长为主线，以成功要素为探究主旨，主题明确，结构清晰，通过本书我们可以快速了解一家隐形冠军企业的成长及增长逻辑。

——董经贵　雅迪科技集团董事长

杰克"和、诚、拼、崛"的企业精神塑造了杰克人的性格和杰克的企业文化，从而成就了专注缝纫机行业的隐形冠军。

——茅忠群　方太集团董事长兼总裁

杰克是一家善于实践、总结和不断改进的企业。它在一个细分行业深耕并持续不断增长，以创新的力量成为全球隐形冠军。这背后有很多值得学习的经验，这些经验尤其适合那些具有全球化视野的企业。向杰克人学习，向杰克人致敬！

——雷文勇　铁骑力士集团董事长

通过《隐形冠军杰克》这本书，我看到了杰克的很多特点：持续学习、开放、创新、坚持和冒险等等。这些特点看似简单，但往往落地很难。再加上"兄弟同心，其利断金"这一长期坚守的信念，杰克才可以做到持续不断地超越对手，后来居上，成为世界级的隐形冠军。我相信杰克未来会创造出更多的行业传奇，勇于突破，再创辉煌！

——梁勤　扬杰科技董事长

《隐形冠军杰克》讲述了一个具有重要价值的企业发展案例，值得服装行业人士细细品味。本书系统介绍了杰克二十八年历史中的四次关键增长历程，总结了杰克成长过程中的八大关键要素，是一部不可多得的佳作。

我作为盛泰集团的董事长，与杰克有着多年的合作，见证了杰克产品不断提升和完善的历程。盛泰是服装行业的领军企业，我们一直致力于为客户提供高品质的产品和服务。杰克的缝纫机产品创新卓著、品质精良，是盛泰服装工厂的重要设备合作伙伴。

我认为，本书对中国制造企业具有重要启示。杰克的成功经验表明，中国制造企业要想实现持续增长，必须把握全球化趋势，不断提升产品质量和服务水平，以精益求精的匠心精神打造具有核心竞争力的品牌，在追求完美的道路上永不止步。

——徐磊　盛泰集团董事长

杰克是中国制造业中雄冠全球的标杆企业。作为杰克的两届独立董事，我亲眼见证并参与了杰克快速崛起、成功上市、布局全球、收购德国企业和推动产业升级的全过程，与有荣焉。"阮氏三雄"有勇有谋、从容笃定的品格，杰克有容乃大的企业文化，造就了一家积极进取、坚实有力、放眼全球的好企业。我看好杰克未来引领全球工业缝纫机行业发展，重塑全球制衣价值链的前景。

——张世东　美世咨询（中国）前董事总经理

杰克是中国民营企业中的隐形冠军。二十八年来，杰克所呈现的企业文化、卓越治理与管理创新是中国民营企业转型升级的完美样本。"杰克现象"具有重要的研究价值，杰克持续变革与持续增长之间的逻辑关系对其他企业具有重要的借鉴意义。本书系统地回顾了杰克的四次关键增长历程，完整地诠释了杰克成长的八大关键要素，并生动地剖析了杰克全球化发展的路径选择。

——韩洪灵　浙江大学管理学院教授、博导，
财政部企业会计准则咨询委员会委员

在担任杰克独立董事期间，我深度观察了这家非常具有生命力的民营企业。创始人阮积祥先生的自我迭代能力、持续学习能力、洞察机会能力给我留下了深刻的印象，这些能力让他能够带领杰克在科技革新速度变快、产业竞争越来越激烈的环境下，突破重围，韧性成长，提能升级。杰克的全球化探索之路是非常具有代表性的中国企业实践案例，值得深度研究和借鉴。

——龚焱　中欧国际工商学院创业管理实践教授、中欧创业营课程主任，
美国威斯康辛大学战略学博士

钦佩北斗[①]及其兄长三人创业之初的梦想，二十八年如一日深耕一个行业，进入无人区后仍然有一种无畏的孤勇者精神，脚踏实地踩出坚实的脚印，孜孜不倦勇往直前，最终成为隐形冠军。这是企业家的野心和梦想，也是企业家留给这个时代最好的旋律。

——宋金波　财经作家、《阿里铁军》作者

在中国缝制机械行业里诞生出一个隐形冠军，是行业的骄傲，也是中国民

---

① 杰克创始人阮积祥，北斗为其花名。

营企业的典范。杰克用二十八年的实践经验再次证明，中国缝制机械行业是一个传统但不落伍的行业，是一个不断焕发生机、拥有很大发展潜力的行业。数字化浪潮下，在以杰克为代表的行业领军企业的带动下，中国缝制机械行业未来可期，大有可为！

——田民裕　中国缝制机械协会原理事长

杰克是一个典型的学习型组织。在创始人阮积祥的带领下，公司上下形成一种浓厚的学习氛围，学习力是杰克人才成长、科技创新的动力之源。同时，杰克兼具视野开阔和脚踏实地的特点，一步一个台阶引领行业迈向新的高度。

——颜世富　上海交通大学东方管理研究中心主任

在担任杰克独立董事期间，我感受到，阮氏三兄弟作为创始人能够协调一致、和谐相处，公司实行很好的职业经理人制度，治理结构、权力配置与约束、权责利平衡、内部控制等方面都处于优秀层级。公司董监高自我要求高，不断自我超越，引领创建了学习型组织。公司广纳人才，注重科技投入、前沿科技研究和转化应用，始终对标国际一流企业，在竞争激烈的环境下，稳健经营，持续增长。作为上市公司，在市场化、法治化、国际化背景下，杰克的全球化探索和规范运作，值得深度研究和借鉴。

——李有星　浙江大学光华法学院教授、博导，
浙江大学互联网金融研究院副院长

中国民族企业持续增长、永续经营的难点不在于对时事的洞察和战略的制定，而在于举措的推进与落实，成功的关键在于企业底蕴的积累与打造。杰

克发展过程中的八大关键要素令人印象深刻，亦会为更多的企业提供借鉴和参考。

——王苗　江西服装学院教授、中国服装协会前副会长、

中国服装产业经济研究所副所长

所有依赖时间积累的进步，都很难追赶。几十年的专注和聚焦，以及不错过每一个行业周期所带来的机遇，是隐形冠军杰克成功的关键。地球上最后存活下来的，不是强大的恐龙，也不是聪明的博斯科普人，而是像杰克这样能时刻保持对无序的警惕并快速反应的生命体。

——胡赛雄　华为公司"蓝血十杰"、原后备干部系主任

传统的企业传记容易陷入对细节的追问，让人难以看清楚一家企业发展的全貌。本书独辟蹊径，以关键事件解读杰克的发展历程，并总结了杰克成功背后的关键因素。二十八年只做一件事情的杰克最终成为隐形冠军，这值得我们思考和借鉴。

——李晓涛　鲲鹏会首席教练

《隐形冠军杰克》结合中国改革开放四十多年社会经济发展的背景，从多维度鲜活呈现杰克二十八年发展的不平凡历程。从 1995 年杰克的前身飞球初创时营收达到 121 万元，到 2002 年营收突破 1 亿元，再发展成为如今全球缝制机械行业的隐形冠军企业，杰克是中国改革开放大潮中涌现出的众多成功民营企业的一个典型代表。作者以平实的笔调讲述了杰克创始人和广大员工艰苦奋斗的创业故事，这些故事精彩纷呈、引人入胜。本书将杰克人的工商管理智

慧和人生经验感悟融为一体，读后令人备受鼓舞与启发。

　　　　——杨志军　杰克中央研究院院长、首席人工智能专家，曾任英国爱丁堡

　　　　　　　　　大学高级研究员，伦敦密德萨斯大学教授、博导

　　一家企业要实现可持续发展，靠的是什么？是企业独有的核心竞争力。杰克聚焦缝制设备行业近三十年，从一个小作坊发展成为全球隐形冠军，其背后最重要的原因就是持续创新，不断进行技术迭代，始终走在行业前沿，牢牢掌握电机电控、成套智联等缝制设备的核心技术，打造竞争对手难以模仿的核心竞争力。我认识杰克公司董事长阮积祥先生快二十年了，并与他多有合作，他和他带领的杰克就是不断学习和创新的典型。杰克的成功之路，是这个时代成功企业的一个缩影。

　　　　——李永东　清华大学电机系教授、博导，先进电能变换和电气化交通中

　　　　　　　　　心主任，俄罗斯工程院和自然科学院外籍院士

　　作为设计机构，保时捷高度重视与奔马①建立的合作伙伴关系，为此，我们将持续创新，为奔马提供优质的产品和服务。为了向全球客户提供优质的设计服务，我们始终坚持以设计品质、设计精准度和设计细节为设计理念的基本要素。很荣幸能与杰克这样的隐形冠军合作，通过感知他们的专业、共享他们的愿景，帮助我们打破设计常规。我们很高兴能与奔马建立这种国际合作伙伴关系，共同开发出卓越的产品。

　　　　——Henning Rieseler　德国保时捷设计工作室设计总监

---

① 杰克旗下子公司。

推荐序

推荐序一

杰克，不只是隐形冠军，更是中国式增长的典范

为什么是杰克——一家来自浙江台州的公司，可以挑战全世界？

我认识杰克公司已经有近六年时间了。一家超级细分赛道里的企业居然名声在外，十几年前开始学习IPD（集成产品开发），二十几年前就开始搞管理的职业化，在台州这个地方本身就是一种奇特的存在。而且在一个十分"卷"的细分赛道里，杰克力压日本强林，成为世界排名第一的缝纫机品牌公司，业务遍布全球。

第一次见北斗，是在2020年8月。看到他听课的样子，仿佛一个求知若渴的少年，紧锁着眉头，似乎担心错过任何一个字。第一眼就感觉这是一个谦逊、开放的企业家。在交流过程中，他问了我好多问题：从哪里开始学？怎么学？谁来学？令人欣喜的是，这些关键学习行动很快在组织里落地了，且在接下来的几年里取得了显著的成效，杰克一举成为行业中产销规模最大、综合实力最强的领导者。

除了世界排名第一之外，杰克还具有三个显著的特征，值得中国企业去研究。

第一，在一个行业非常成熟、市场规模稳定的赛道里，杰克成了隐形冠军。相比之下，中国的大多数企业都处在增长的赛道里很多年，不管所处的竞争环境多么激烈，依旧在享受中国高速增长的市场红利，并没有真正经历或感受过长期萎缩、下行的市场空间，而杰克是长期处在逆流中的佼佼者。

第二，杰克的产品覆盖全球 160 多个国家，是名副其实的国际化、全球化企业。过去我们大多数企业都在做国内的生意，或者为国外品牌代工，或者仅在某些区域有竞争优势。但杰克不一样。它是一家有品牌、有渠道的国际化公司，创始人北斗很早就走访了全球 100 多个国家，深谙做国际化生意的逻辑。

第三，小赛道里的大管理。杰克在管理上做了很大投入且真正构建了先进的管理体系。任正非先生曾说，中国未曾经历过科学管理运动，所以华为在学习西方管理体系的时候非常谦逊地全盘接纳，甚至连英文字母都不允许调整（后来有了一些创新）。杰克算是一个例外，它在一个独特的增长有限的市场里持续增长，更多依赖的是它在过去的二十多年里引入的各类管理咨询公司，这些公司为企业深层次的持续不断的改革奠定了良好的基础。杰克花费了数亿元的管理咨询费用、数十亿元的研发管理费用，以及无法估量的自我探索和复盘经验的成本，进行了一系列的管理变革。所以不管市场形势如何，它一直在增长。

这些与众不同之处，表明杰克不只是隐形冠军，更是中国式增长的典范，这非常值得我们深度研究。

恰逢杰克深度变革转型之际，乔诺咨询联合专家团队一起对杰克公司的高管团队进行了深度访谈。他们非常开放，把隐形冠军之路、中国式增长之路和盘托出，其中也不乏辗转和辛酸，相信这对读者来说也是一次心灵对话。

感谢北斗，感谢杰克团队，感谢耐心出版本书的专家团队。

乔诺咨询创始人　龙波

2023 年 9 月于上海

推荐序二

2015 年，在杰克成立二十周年之际，推出了《民企杰克》一书，我为其作序，记忆犹新。2023 年，时隔八年，又推出《隐形冠军杰克》一书，我读完本书，感慨万千。

这八年间，杰克在劳动生产率、研发成果、管理水平、品牌效益及市场拓展等方面显示出强大的发展后劲，销量、销售额、专利数等方面都超越了国外品牌，营业额实现全球第一，创造了中国缝制机械行业的新辉煌。"隐形冠军"的称号，杰克当之无愧。

这八年，也是中国缝制机械行业全力以赴落实"十三五"规划的重要阶段。"十三五"期间，中国缝制机械行业向人民、向历史交出了一份优异的答卷：行业结构调整持续深入，经济总量稳居世界首位；科研基础及制造水平稳步提升，整体实现全球领先；"三品"战略有效实施，产品实现质的提升；全球化持续推进，国际竞争力大幅提升；信息技术加速融合，数字化转型加快；成功完成强国战略第一阶段的目标，正式迈入世界缝制机械行业最前列，实现了几代缝机人的梦想。其中，杰克作为行业龙头企业，具有重要的引领示范作用。

这本书与《民企杰克》一书有异曲同工之处，再一次以杰克自身为案例，毫无保留地对杰克各个发展阶段的故事、得失经验进行了剖析，并呈现给我们。我们可以在每个故事中，思考企业家精神是如何影响和引领一家企业的，一家企业的企业文化是如何塑造、沉淀的；我们也可以在得失经验中，感悟

"管理作为一种实践，其本质不在于知，而在行"的真谛。

较之《民企杰克》，《隐形冠军杰克》一书对杰克实现持续增长的根本原因进行了深度总结，提炼了杰克从"跟跑""并跑"到"领跑"的八大关键要素。这八大关键要素不仅对行业极具推广借鉴意义，对行业外的企业也具有参考价值。此外，最值得称赞的是，本书对数字化转型案例的呈现、对新业务和未来探索的思考，让我们看到了杰克近些年不断成长、成熟后的格局与眼界的变化，让我们对中国缝制机械行业在可见的未来创造出一个新的时代充满信心，充满期待。

经过几代缝机人的接续奋斗，中国缝制机械行业目前已经站在世界缝机领域的新起点上，将以世界缝制机械产业引领者的站位，加快中国缝制机械制造业优势与第四次工业革命先进技术的融合，谋划对全球产业链整体运营模式和商业业态的引领和重构。这是历史赋予中国缝制机械行业的新机遇和新使命。在这个进程中，我衷心希望杰克发挥出愈加重要和明显的引领作用。

2021年，中国缝制机械行业发布《中国缝制机械行业"十四五"技术路线图》，要求行业企业"加快推进新一代信息技术与缝制机械产品及缝制生产模式的融合发展，促进缝制产业链数字化、网络化、智能化发展，形成强大可持续发展新动能"。

自2018年杰克率先在行业里探索"成套智联解决方案"以来，杰克创造性地走出了一条具有行业典型特征的数字化转型升级之路，物联网云平台、单元自动化和集成智能化产品不断涌现，以成套智联解决方案、智慧工厂技术等为用户提供新服务、新模式，创造新价值，激发新需求，对数智转型的探索和布局不断加快。在以杰克为代表的行业领军企业的先行探索、示范带动下，中国缝制机械行业企业正在改变已传承二百余年的传统劳动密集型缝制机械生产业态和模式。

与此同时，下游数字化时代已经到来，智能制造趋势不可抵挡，中国缝制机械行业要与下游行业发展分阶段相匹配，要与下游用户需求更加贴近。打造智慧工厂，要靠以杰克为代表的领军企业去破局。

放眼未来，我相信：有着"和、诚、拼、崛"企业精神的杰克人，一定能够利用全球资源，打造全球化企业和品牌，抢占全球制造业新一轮竞争制高点，助力产业基础高级化、产业链现代化。希望杰克不负伟大梦想，不负行业重托，在全球智能制造领域展现中国缝企的风采与实力。

中国轻工业联合会副会长、中国缝制机械协会名誉会长　何烨

2023 年 10 月

推荐序三

中国服装产业经过改革开放四十多年的发展，已经名副其实成为世界服装制造的引领者。每一次服装产业的转型升级，每一次服装制造能力的提升，都与缝制设备的创新迭代息息相关，许多缝制设备企业为之付出了不懈的努力，杰克就是其中之一。

中国服装协会和杰克的合作源远流长，我个人也很早就关注杰克，参加过杰克举办的多场活动，是杰克的一位老朋友。《隐形冠军杰克》这本书，让我对杰克有了更新、更深的了解，也更好地理解了杰克成功的深层次因素。

这本书介绍了杰克的发展历史，讲述了杰克如何从一棵小树苗成长为参天大树，成为缝制设备行业的隐形冠军。杰克过去的许多经营管理理念，比如"制度第一，总经理第二""产业链共创共享""客户第一，快速服务"等等，在今天看来，依然是一种管理哲学层面的认识，适用于各行各业的组织和企业。

当然，支撑杰克取得今天这样的成就的，还有一种独特的精神——"敢为天下先"的台州精神。

杰克是一家典型的台州企业，有着"敢打敢拼"的气势，认定目标就会不顾困难、勇往直前；同时，一旦发现走了弯路，也有"壮士断腕"的决心，快速掉头，毫不犹豫。比如书中提到，在1999年的"三天三夜会议"上，杰克想从家用缝纫机向工业缝纫机转型，遭到了不少人的反对，但最终还是做出了这个关键决定，为杰克今后的腾飞开辟了广阔的天地。在当时家用缝纫机还很赚钱、工业缝纫机没有任何经验的情况下，杰克认定工业缝纫机是未来的发展趋势，并坚决转型做工业缝纫机，这种认知和胆魄，令人动容，也令人敬佩。这是支撑杰克后来一系列变革成功的底层基因。

在这种精神的指引下，多年来，杰克专注缝制设备的科技研发和技术创新，持之以恒，精益求精，走专业化、精细化、特色化、新颖化之路，不断提升满足服装企业在转型升级过程中对个性化、定制化、快速响应服务，以及高品质、高性能设备需求的能力。尤其是近年来，杰克率先在服装智能制造成套解决方案方面进行了深入探索和有益实践，并取得了许多成果，对服装企业技术进步、产品创新、智能制造和高质量发展起到了重要的推动作用。

当前，中国服装行业确定了要实现从制造强国到时尚强国的跃迁的"十四五"规划目标任务和2035年产业发展的远景目标，这需要强大的科技创新能力作为支持，而缝制设备水平的提升是贯穿其中的重要动能和力量。从《隐形冠军杰克》这本书中，我看到了一种可能：杰克将"成套智联，让服装智造无限可能"作为企业的愿景使命，在缝制设备软件、硬件、成套智联方面投入了大量资源，从而服装产业的智能制造转型在杰克等优秀企业的带领下逐步实现，走向成熟，中国在服装行业实现时尚强国梦，并不遥远。

服装行业和缝制设备行业从来都是唇齿相依、相互促进、同题共答、共生共荣的两个行业。相信《隐形冠军杰克》这本书能够给这两个行业的有志之士带来更多的启发，并助力大家取得更好的成绩。我相信，在中国式现代化建设的新征程中，在进一步贯彻新发展理念、构建新发展格局、推动高质量发展的新时期，这两个行业必将更加深入地强化上下游的协同创新，不断解决高质量发展的难点和痛点，塑造发展的新动能和新优势，携手推进产业向高端化、智能化和绿色化发展，共同为产业强国建设做出努力和贡献。

中国纺织工业联合会副会长、中国服装协会会长　陈大鹏

2023 年 10 月

推荐序四

"隐形冠军"的PB之路

我和阮总相识多年，既是合作伙伴，也是好朋友，共同见证了双方企业的不断发展。如今，杰克已成为全球缝制设备制造领域的隐形冠军；特步，也以"世界跑鞋，中国特步"为目标全力奔跑。

在马拉松赛场上，跑者们总是在追求不断破速，刷新个人最好成绩（Personal Best，PB）。在商业赛场上，中国民营企业家也一样在不断挑战更高自我。过去二十多年的"长跑"中，杰克始终坚守主业，二十多年只做一件事，在缝纫设备的制造领域稳扎稳打，一步步从最初的家用缝纫机制造企业转型升级为工业缝纫机制造企业，迈入快车道，问鼎全球缝纫机品类之王。

2013年开始，杰克提出"快速服务100%"的品牌定位，逐步搭建了一套完整的配称体系。

现如今，业内常用"快反王"来形容杰克。杰克不光卖设备，而且从产业链下游的痛点、难点着手，量身定制解决方案，帮助服装企业顺应"小单快反"趋势。新品一推一个准，杰克用聚焦和专注不断刷新自己的PB。

我们这一批民营企业家赶上了一个好时代，在国家政策的指引下，抓住了一个又一个发展机会，推动国产品牌的产品力和品牌力持续提升，见证了国家实力、民族自信的不断增强。我也祝愿，下一个二十年，杰克能够攀越更多的山峰，以中国式增长领跑世界。

特步集团董事局主席兼CEO　丁水波

2023 年 10 月

推荐序五

我和阮总是交往多年的挚友，见证了杰克从一家作坊式的企业成长为全球隐形冠军的历程。

从 2010 年起，杰克连续十三年获得"全球缝制设备行业产销第一"的荣誉，产品畅销 160 多个国家。

杰克做对了什么？答案可以在这本书中找到。这本书讲述了杰克如何深耕实业，不断冲破行业天花板，实现产业跃迁，将缝纫机这个外人眼中的夕阳产业做成朝阳产业的精彩故事。

管理学大师德鲁克有句名言："那些一心一意的人，也就是所谓的偏执狂，才是真正的成功者。"

隐形冠军指的是在某一细分领域处于绝对领先，但不为大众所熟知的企业。企业选择做隐形冠军，就是放弃追逐更大诱惑、拼力赚快钱的机会。耐得住寂寞，战略定力高，才能成为隐形冠军。

改革开放以来，我国曾凭借便宜的劳动力、土地等要素优势实现快速发展，但是制造业普遍缺乏"工匠精神"。随着劳动力和土地等要素优势的消失和各类成本的攀升，全社会"赚快钱"的时代一去不复返。

在经济发展的新常态下，构建以国内大循环为主体、国内国际双循环相互促进的新发展格局是经济高质量发展的内在需要。隐形冠军作为高质量发展的引领标杆，通过专注细分市场，聚焦主业，创新驱动发展，稳步实现从制造到智造的转变，从而在全球产业链中拥有话语权，占据主动。

我国是一个工业体系完整、产业门类齐全的制造大国。但是在很多关键领域仍然高度依赖国外供给，容易被"卡脖子"。实际上，拥有大量核心技术、产品质量工艺先进的隐形冠军，是许多发达国家在先进高端制造领域具有国际竞争优势的重要法宝。比如，德国作为世界制造业强国和出口大国，之所以具有强大的国际竞争力，得益于开放包容的创新氛围，得益于"德国制造"的工匠精神，得益于数不胜数的中小企业形成的行业生态体系。

因此，培育传统行业的隐形冠军，对于产业升级具有不可忽视的重要作用。杰克给我们树立了标杆，因为很多人认为缝纫机是典型的传统产业，但在杰克创始人阮积祥看来，传统不是落后，制造从不过时。没有落伍的产业，只有落伍的观念和企业。

每一次战略转型的背后都是认知的突破——让我们回顾一下杰克的四个重大战略决策。

第一阶段：创业做品牌。

1995 年，阮氏三兄弟齐心合力创办飞球（杰克前身），立下了"让飞球飞遍全球，做缝纫机行业的领导者"的初心。

第二阶段：逆势全球化。

2009 年全球金融危机中，杰克通过资本运作收购海外优质资产（德国的拓卡和奔马），掌握行业核心技术。这两场收购不仅使得杰克步入了新的发展阶段，而且推动杰克从工业缝纫机制造领域拓展到了自动裁剪领域。

第三阶段：自主创新。

除了并购后消化吸收国外先进技术之外，杰克也加快了自主创新的步伐，每年都投入大量研发经费。经过多年努力，杰克的专利数量增长到 2600 多项。

杰克陆续推出迅利 IIE、A4 和"快反王"等现象级产品，奠定了其在全球市场的重要地位。2017 年，杰克销售额突破 20 亿元，并成功登陆资本市场。

第四阶段：数字化转型。

杰克于 2017 年发布了自主研发的服装智造生产管理系统（IPMS），2018 年率先成为成套智联解决方案的服务商。2021 年，杰克销售额突破 60 亿元，坐稳全球隐形冠军的宝座。

多年来的坚守和布局，使得杰克成为中国制造业的一颗明星。中国从制造业大国向制造业强国转变，需要千万个像杰克一样在细分领域长期默默耕耘的隐形冠军，共同推动国家竞争力的提升，不负时代赋予企业的历史使命。

现在的竞争，不仅是中国市场的竞争，更是全球市场的竞争。我相信，未来中国的头部企业，一定是全球化的企业。站在现在看未来，我们要坚持什么？在新的时代背景下，如何守护核心价值，持续高质量增长？

我相信你已经迫不及待想打开这本书寻找答案了。如果阅读是一场旅行，沿途的风景已经为你准备好了。祝你旅途愉快！

太平鸟集团董事长　张江平

2023 年 10 月

目
Contents
录

03 杰克持续有效增长的八大关键要素

04 杰克的未来探索

🔳05 专业人士看杰克

隐形冠军杰克

JACK

01

隐形冠军杰克

持续增长的隐形冠军

杰克科技股份有限公司（简称杰克），于1995年正式创立。迄今为止，要呈现其最直观和始终如一的特点，"隐形冠军"的标签或许是贴切的，但"专注于缝制设备的研发、制造并持续不断地增长"可能更准确。

28年的时间，杰克只做一件事：聚焦缝制设备的制造，从最初的家用小包缝机到工业缝纫机，进而成长为覆盖服装生产全流程的服装智造成套解决方案服务商。28年的时间，这家企业从一个家庭作坊小厂，成为行业的全球领导者，靠的是不断穿越行业周期，穿越经济大环境周期，持续不断增长。尤其是在一些特殊时期的关键性增长，奠定了这家企业在全球的地位。

1995年，阮福德、阮积明、阮积祥三兄弟创办飞球，其第一年的销售额只有121万元，当时的生产场地是家门口一个废弃的村办小学教室，面积不过200多平方米，工人也只有10多名。三兄弟家中几乎全员上阵参与生产，销售员是阮福德和阮积祥两个人。第二年，销售额达到329万元。而后在这样的基础上保持增长，销售额不断攀登新高。1999年，还没有改名为"杰克"的飞球决定走现代化企业之路，转型为生产工业缝纫机，销售额突破了2900万元。

2002年，杰克转型工业缝纫机生产后的第三年，也即中国加入WTO后的第一年，服装外贸的发展突飞猛进，缝纫机产业的发展达到了新的高峰。杰克迎来了发展史上的第一次关键增长。第一代工业缝纫机产品的销售破冰过程中，杰克利用"先进、灵活、更加贴近客户"的营销理念，构建起了独特的销售渠道，销售额一举突破1亿元。

年营收达到1亿元，是制造企业规模化发展的一个基础，也让杰克实现从0到1的积累。1995年到2002年，杰克几乎每年平均都以近100%的速度在增长。大多数已经具备规模的企业都有这么一个阶段——100%的高速增长阶段，这也是一个企业能够成长为规模型企业的基本条件。

2003年到2010年，缝纫机产业整体仍然处于高速增长阶段，行业的周期性也非常明显。杰克的发展跟随中国缝纫机产业的发展轨迹，一路上升。虽然中间经历过波折，增长有波动，但杰克始终保持一定的区域市场格局，始终在自己的节奏上做正确的事，专注于缝纫机的生产，同时奠定了文化立企的基础，打破家族化，推进现代化的管理，不断引进专业人才，不断降低产品成本，提升产品的竞争力。2008年，一路高歌的中国经济遭受到全球金融危机的影响，缝纫机产业迎来了行业内第一次大的周期性波动。杰克在同行业绩纷纷下滑之时，反而一跃而起，2010年销售额实现141%的增长，突破10亿元，成为行业的隐形冠军。在这个阶段，尽管杰克的增长有所波动，但和整个行业相比，它始终能够维持市场格局。行业高峰时，杰克增速更快，行业周期低谷时，杰克的跌幅远小于同行。正是因为这样，杰克才能够从国内行业前5名外，在2010年一举跃升为国内行业头名。

2010年之后，服装行业的发展呈现出新的特点，电商崛起，个性化需求趋势越来越明显，中小型服装厂的比重大幅度增加。杰克洞察到变化，果断开始了品牌的差异化重塑，在2013年和2015年开发出了爆款机型迅利IIE和A4，针对中小型客户，不断拓宽经销商渠道，跨越行业周期，重回增长。2018年，行业周期再次到来。杰克戴上了缝纫机行业全球隐形冠军的华冠。

事实上，以缝纫机的销售数量来计算，在2010年，杰克已经是全球的隐形冠军。不过中国品牌缝纫机和国外一些品牌，尤其是日本品牌相比，价格不占优势，销售营收还在追赶。2010年到2018年，杰克也从早期的营销驱动进阶为研发创新驱动，产品创新不仅带动品牌附加值提高，也带来销售量的大幅度增加。2018年，杰克的销售额突破了40亿元，这也是中国缝纫机产业的一个新高度。杰克的隐形冠军地位彰显。

也就是在2018年，国务院总理李克强到访杰克，在参观了杰克智缝工厂后，勉励杰克：要以技术进步塑造竞争新优势，以创新和品质升级打造行业隐形冠军，希望杰克在这个行业打造出一艘"航空母舰"。

杰克的隐形冠军特质

　　隐形冠军，首先是冠军，其次是隐形。虽然隐形者众多，但真正的冠军却寥寥无几。具体到一个企业，隐形冠军与大多数企业都有所不同。然而，令人惊讶的是，市面上99%的人并不知道它的存在。换句话说，隐形冠军不为外界所关注。尽管如此，它却主宰着所处领域的大部分市场，占有很高的市场份额。它拥有独特的竞争策略，并在某一个细分市场中专心致志地耕耘。

　　20世纪80年代，缝纫机如同今天的手机一样普及。那时候，缝纫机是以家庭为单位的标配产品。1982年，我国缝纫机产量已经达到了1286万台。蝴蝶、西湖、飞人、标准等缝纫机品牌家喻户晓，这些品牌都是当时的中国名牌。

　　今天，中国作为全球最大的制造和消费国，我们注意到，无论在哪个领域，那些专注于国内市场并在国内排名前列的商品，大多都拥有显著的品牌声誉。而那些目光更多关注于国际市场的企业，在大众人群中品牌名声并不响亮，加之如果不是直面消费者的商品，成为隐形品牌的可能性更大。

　　衣食住行，服装是人类生存的四大需求之一。从20世纪80年代到今天，穿衣需求以连续翻倍的速度增长。由于工业生产服装效率的提高，家庭制衣几乎消失。缝纫机从家用变成了工用，成为不可或缺的工具。

　　冠军与众不同，有自己的生长逻辑。

　　在大众的印象里，哪家企业的销售份额位居全球第一，那么这家企业就是当之无愧的冠军。然而，即便用这样的定义看待一家企业，冠军的身份每年都会有变化，要保持冠军地位并不容易。成为隐形冠军固然困难，而保持隐形冠军的地位更为艰难。

杰克最显著的特点是聚焦专注和持续增长。2018 年杰克成为隐形冠军后，依然保持增长。在 2019 年至 2020 年行业下行的情况下，2021 年杰克一举实现了 72% 的增长，突破 60 亿元销售额大关。这一次的突破，让中国缝纫机行业企业有机会再次实现增长。无论是杰克内部，还是整个行业，都有一种基本的共识，那就是杰克销售额突破 100 亿元只是时间问题。为什么？因为放眼中国乃至世界，难以找到一家与杰克一样具有平台化能力的同行企业。

2021 年，杰克历经了第四次关键增长。这一次增长的意义在于，杰克成功塑造了一个真正的行业领导者形象，并达成了一个更大范围、可预期的年营收 100 亿元的目标共识。此时，我们可以根据赫尔曼·西蒙教授提出的隐形冠军标准进行对比，看看杰克具备哪些隐形冠军特质。

赫尔曼·西蒙在《隐形冠军》一书中提出了隐形冠军的 3 个标准条件：第一，世界前三强的公司或者某一大陆上名列第一的公司；第二，年营业额低于 50 亿欧元（这是一个变化的标准，最初的标准为 10 亿欧元）；第三，不为外界所知的。

对比这 3 个条件，杰克均可达到要求。而在现阶段，隐形冠军的标签对于杰克而言也相对准确，得到了行业的认可。

2016 年 12 月，工信部公布了第一批制造业单项冠军示范企业，隐形冠军的扶植培育正式上升为国家战略，从国家到省市，都开始重点培育当地具有产业优势的隐形冠军企业——"专精特新"小巨人。2018 年，是国家对隐形冠军的重点挖掘和培育年份，越来越多领域的制造企业被授予"制造业单项冠军"

荣誉，杰克也获此殊荣。2022 年 9 月 10 日，北京证券交易所启动运营，"专精特新"类企业在国家战略层面的重要性更加凸显。

对比赫尔曼·西蒙的数据标准，杰克堪称样本典范。除了数据标准外，赫尔曼·西蒙还提出诸多内在特质，杰克与这些特质标准进行一一对照，也都相符。

《隐形冠军》一书的研究对象最开始主要集中在德国，随着研究的不断深入和拓展，赫尔曼·西蒙把注意力逐渐转向全球范围内的所有隐形冠军企业。他在考察了全球五大洲 14 个国家的大量优秀中小企业之后，从中抽取了 457 家企业进行定性研究。《隐形冠军》一书就是赫尔曼·西蒙教授对世界各地隐形冠军公司成功经验的总结与归纳，揭示出这些企业之所以成功的真正秘诀，并提出了 8 个特质。

这些特质分别是：

① 领先世界的企业目标，即雄心壮志。

可以说，没有舍我其谁、霸气萦怀的雄心壮志，要想成为冠军企业并不容易。冠军企业的最终表现为市场份额，那些能够在市场上厮杀并存活下来的企业，其野心都会在一场又一场的市场战争中被激发出来。虽然说失败是成功之母，但是屡战屡败却又能够重振旗鼓的企业几乎没有。市场是残酷的，雄心壮志都是在一次又一次的激励中不断壮大的。

隐形冠军是市场份额的绝对领导者，市场领导者地位不仅包括市场份额这一数量级概念，它背后还包括创新创造、领导力水平、目标达成、市场影响力、综合实力、战略控制点、行业标准等多方面内涵。赫尔曼·西蒙提出了"心理市场领先地位"的概念，其内涵包括勇夺世界第一和追求世界最佳公司的精神。这追求的是一种雄霸之气、王者风范，要敢于成为标杆和行业标准的制定者，而市场份额只是冠军的直观体现而已。

当然，也正因为有这样的雄心壮志，不惧怕竞争，主动寻找竞争，总是不断与世界上最好的竞争对手同台较劲，所以当它的地位受到挑战时，它会立即组织反击并击垮对手，保持其市场地位，而非反应迟滞，等待市场格局被改变。

② 高度专注与聚焦的企业战略。

相对单一的产品战略，社会分工带来了多方面的效益，包括管理效率的提高、生产效率的提高、成本的降低，以及市场竞争的针对性等。专注和聚焦是这些企业逐步成为隐形冠军的关键。它们可能选择专注于利基市场，宁可在一个相对狭窄但专注的利基市场中成为绝对的领导者，也不愿意在一个大而宽泛的市场里成为毫无影响力的追随者。

③ 紧密无间的客户信任关系。

与客户建立关系，并持续升级这种关系，达到一种相互信任的程度，这是隐形冠军企业取得成功的另一个重要因素。可以将其比喻为成就之路上的一条"经纬之线"。就像汽车的橡胶轮胎需要内部的经纬之线来提供结构张力，没有这种线，轮胎就失去了稳定性。同样，没有建立在相互信任基础上的客户关系，就像没有经纬之线的轮胎一样脆弱。信任的建立需要与众不同的产品和可靠的质量，并且需要依赖客户，满足客户需求，建立紧密无间的信任关系，这使得隐形冠军企业能在狭窄的市场中生存。赫尔曼·西蒙提到，隐形冠军不仅重视自身表现，还注重与客户互动交流，它们比大公司更具灵活性和比较优势，又是市场营销的行家里手，懂得如何建立良好的客户关系。

④ 持续不断的企业创新精神。

保持成功的唯一办法就是创新。创新是构建企业战略控制点的基础，创新是企业不断降低成本的最佳途径，创新也是企业引领市场的唯一方法。

创新不仅包括技术和产品的创新，也包括管理、流程、营销和市场等方面的创新。在这些创新选项中，技术创新是隐形冠军企业占领市场和构建核心竞争力的最重要因素。隐形冠军企业需要一个有利于促进研发和实施创新的企业环境，并将全球市场视为技术创新支点。而技术和市场从来都是相辅相成、相互补充的，这是一种唇亡齿寒的关系。

⑤ 以文化立基的企业使命和感召精神。

资源是会枯竭的，唯有文化生生不息。浓厚的企业文化是一个企业最大的内在魅力。隐形冠军企业与员工之间存在一个互相成就的过程，这个过程在企业发展中对于企业文化的塑造具有特殊的作用和独特的使命。企业的员工和干部梯队对企业的目标和价值观有着更强烈的认同，表现出较高的忠诚度和较低的跳槽率。隐形冠军企业以文化为基础来形成强大的团队精神，并激励企业员工以表现为核心，不断通过员工的成就达成企业的成就，在合理利用资源并减少企业内部摩擦的过程中实现冠军之路。

⑥ 通过竞争构建起的战略控制要塞。

隐形冠军通过竞争构建战略控制要塞。赫尔曼·西蒙运用竞争战略学对隐形冠军公司的竞争优势进行量化分析。他把所有与竞争优势有关的数据压缩成两类矩阵，即竞争优势矩阵和竞争能力矩阵，并据此得出竞争优势指数和竞争能力指数。而隐形冠军公司的竞争优势主要体现在三个方面，最重要的竞争优势是产品质量，其次是价格和服务，再次是与客户交往的灵活性，包括开放性、包容性和接触频度。

⑦ 低调务实的企业言行风格。

与可口可乐、苹果、阿迪达斯、三星、大众等知名企业不一样，隐形冠军企业并不热衷于喧嚣，也不擅长公关和广告。

隐形冠军企业在构建起绝对的战略控制要塞之前，通常会刻意回避媒体的曝光。它们不希望更多行业外的人关注自己。因为让媒体和大众关注也就意味着让别人了解自己的行业和运作模式，增加市场竞争的风险，破坏市场的氛围。

德国盛产隐形冠军，而且其中很多都是世界冠军。德国之所以能够在发达的欧洲经济中扮演火车头的角色，主要依靠的就是这些隐形的单项小冠军，而不是像西门子那样的大企业。有不少人认为德国人"做了也不说"，这种千百年来形成的日耳曼民族性格是德国拥有一大批隐形冠军的一大原因，这与赫尔曼·西蒙的隐形冠军理念不谋而合。

⑧ 卓越且稳定的干部团队。

一个企业的组织活力，主要由三大要素构成：干部、人才、组织。干部对人才和组织产生直接影响，他们的领导力如何决定了企业的成功与否，同时也影响着团队的稳定性。此外，干部在很大程度上塑造了企业的管理模式和企业文化。

在隐形冠军企业中，干部这一要素尤为重要和突出，隐形冠军企业注重培养卓越的领导者，这些领导者总是充满热情并具有超越普通管理者的活力。他们能够激励员工，带领团队共同成长，并将这个长期的过程视为一种奋斗的乐趣，使所有人都为之动容；他们往往有着强烈的国际战略意识，善于捕捉瞬间而逝的机会；他们对国外文化也颇为了解。这些独特之处让他们能够带领企业进入并占领国外市场。简而言之，他们是真正具有领导力的企业领袖，而非普通的管理者。

赫尔曼·西蒙提出：隐形冠军公司CEO的任期平均为24年，而美国大多数公司CEO的任期平均为7年，很多国家的公司CEO任期还要更短。在中国，这一数据并没有得到统计，不过中国中小企业的平均寿命不超过3年。而杰克企业的核心管理层任期都超过20年，更符合赫尔曼·西蒙关于隐形冠军企业干部卓越且稳定的特点。所以，也可以说隐形冠军企业领导者的任期比其他大企业更长，而他们对企业的影响也更深刻、更系统、更稳定。

在"隐形冠军"概念提出10年后，赫尔曼·西蒙再次更新了他的理念，并从全球化的角度阐述了一些新的特质，包括全球化、成长性、工业集群（产业集群）、品牌等。

无论是赫尔曼·西蒙最初提出的8个特质，还是他在最新版《隐形冠军》中提出的4个新特质，杰克都可以与之一一对应。在2019年9月再版的《隐形冠军：未来全球化的先锋》一书中也专门提到了杰克作为一家民营隐形冠军企业的发展。而纵观杰克28年的发展历程，无论是杰克创始人三兄弟的雄心壮志，还是专注于缝纫机产业、从零开始勇于全球化，以及台州全球领先的缝纫机产业集群等，12个特质在杰克的发展历程中呈现出一条清晰的脉络。杰克也是赫尔曼·西蒙"隐形冠军"概念下的一个标准的中国隐形冠军样本。

台州缝纫机产业的机遇

隐形冠军的标准并非一成不变。赫尔曼·西蒙提出全球化、成长性、工业集群（产业集群）、品牌4个新的特质，这4个新的特质是杰克一直以来的发展路径，也是杰克在更长时期里追求增长、继续向前的方向指引。在这4个特质中，工业集群（产业集群）这一特点，也是杰克所在的浙江台州缝纫机产业的进化路径。

杰克所在的浙江台州是全国知名的制造业城市。台州拥有七大产业，包括汽车及零部件、缝制设备、模具与塑料、医药健康、智能马桶、通用航空、泵与电机。其中，台州的工业缝制设备产量在世界范围的占比达到了60%，是七大产业中比重最高的产业。因此，台州也被称为中国缝制设备制造之都。台州缝纫机产业的进化路径也包含了杰克的发展路径，其中有偶然的原因，也有必然的原因。

1851年，美国的胜家公司成立并设计制造出第一台金属结构锁式线迹缝纫机。此后，缝纫机在工厂和家庭中得以广泛应用。1872年，缝纫机开始进入中国。上海作为中国的时尚之都，最先得益于缝纫机带来的高效率生产。英国、德国、美国等国家的商人纷纷在上海设置缝纫机销售点，国内缝纫机商业由此逐渐兴起。我国最早的缝纫机也在上海诞生。

中华人民共和国成立后，缝纫机产业在我国的发展一直处于小批量生产的萌芽阶段，基本上还停留在维修和仿制水平上，整体处于产业链的底端。

"二战"结束后，美国和欧洲的缝纫机产业快速发展，家用缝纫机快速普及，工业用缝纫机也越来越多，导致美国和欧洲市场快速饱和。随着服装产业开始从欧美国家向日本、韩国、中国台湾转移，缝纫机产业逐渐向东亚地区转移，使得缝纫机的生产成本逐步降低。在此期间，由于各种原因，国外的缝纫机无法进入中国，中国一直处于自主攻关研发工业缝纫机的阶段。1950年，朝鲜战争爆发，中央人民政府成立东北军服厂，并下令上海尽快组织研制工业用缝纫机，以解志愿军棉衣供应的燃眉之急。这一光荣任务落在上海惠工缝纫机厂的肩上，中国第一台工业用缝纫机就在这样的背景下诞生。

20世纪70年代，工业先进国家的家用缝纫机市场已趋饱和，而新兴工业国家受科技进步的冲击和劳动力成本上涨的影响，欧美一些知名的缝纫机生产企业纷纷选择关闭或转产。日本则有预见性地对缝纫机工业进行了整顿，把原来的200家缝纫机厂精简合并成40家。其中，30家转产工业缝纫机，余下的10家则生产高档家用缝纫机，将中、低档缝纫机的生产转交给了韩国和中国台湾，利用其廉价劳动力以增强竞争力。韩国和中国台湾抓住了这次机会，开始生产中、低档缝纫机并投入国际市场，使得其缝纫机工业迅速崛起。

我国是人口大国，也是服装消费大国。20世纪60年代，成衣的销售在市场上微乎其微。在台州、温州地区，由于耕地稀少，产生了许多补鞋人员，全国各地都零落着这些地区的补鞋大军，尤其是20世纪70年代，这些补鞋人员越来越多。这个时候，台州的黄岩、椒江等地方已经生产出简易的补鞋机。

缝纫机产业从日本、韩国转移到中国是必然的趋势。我国人口众多，随着改革开放的到来，家家户户都开始自己买布做衣服，缝纫机成为名副其实的"三大件"之一，全国各地在市场需求的刺激下，纷纷组织生产家用缝纫机，快速提高了家用缝纫机的生产能力。到了1982年，我国已成为世界家用缝纫机生产第一大国，上海、天津、西安、广州成为了当时的四大缝纫机生产基地。蝴蝶、西湖、华南、标准等都是当时家喻户晓的缝纫机品牌。这个时候的台州缝纫机产业，还处于摸索阶段。

机遇总是留给有准备的人，一个地区同样如此。台州的缝纫机产业迎来机遇是在1985年之后，发展高峰是在1992年邓小平同志"南方谈话"之后。

人多地少，逼得一部分台州人走上外出谋生的道路，有的补鞋，有的修理补鞋机，有的从事纺织，有的擦鞋。20世纪80年代，在全国范围内，台州有十万补鞋大军遍布各地，这些人头脑灵活、善于与人相处，在那个年代，能够获得信息就能发现机遇，同时也能规避风险。

数量庞大的补鞋大军，意味着需要大量的补鞋机。台州缝纫机产业的萌芽与一位捣鼓补鞋缝纫机的老前辈管康仁密切相关。在管康仁的带动下，椒江下陈乡成了台州缝纫机的发源地。与管康仁合作的几位伙伴，先后创办了缝纫机工厂。在这样的背景下，椒江第一家缝纫机生产工厂——椒江第一工业缝纫机厂应运而生。

管康仁的努力推动了台州缝纫机产业从个人行为逐渐转变为技术、知识的传递，并得到了台州当地政府的大力支持和扶持。

椒江第一工业缝纫机厂前身为1966年创办的黄岩下陈农机厂（当时椒江属黄岩行政区划），当时工厂以修理农机具为主，是一家镇办集体所有企业，1970年转产小型农用泵，1977年增加生产各种型号的排气管，1979年开始利用农机厂的设备生产GMI系列三线包缝机，1980年试产GNB100系列三线包缝机，并改名"椒江第一工业缝纫机厂"。利用当时上海与外地企业大规模联营的机会，工厂先后租用过上海一些街道缝纫机厂的"金陵""友谊"等商标，并向其支付每台5元的费用。这就是早期台州缝纫机生产中常见的定牌联营生产。

定牌联营生产有效缓解了当时上海产品在全国范围内供不应求的局面，使企业获得了额外的利润。与此同时，面对家用缝纫机市场日趋饱和和产品销售呈下降趋势的情况，上海的家用缝纫机企业也开始调整策略，将资源投入到工业缝纫机产品的开发和生产中。

1985 年，上海缝纫机四厂组织人员到绍兴洽谈包缝机联营事宜。椒江第一工业缝纫机厂的人知道这件事后，想方设法邀请上海缝纫机四厂的人员到台州来谈联营事宜。然而，由于当时台州的道路交通状况不佳，厂房和设备都无法满足对方的需求，联营事宜最终未能达成。尽管如此，上海方面的技术人员应邀到台州进行了技术指导。椒江第一工业缝纫机厂便从路桥采购了新设备，开始开发新产品。经过近一年时间，开发出中速的中厚料平缝机，并注册了"奔马"商标。通过与上海技术人员的业务联系，椒江第一工业缝纫机厂建立了与上海轻工产品进出口公司的进出口业务联系，并开始向巴西出口缝纫机。此后，椒江第一工业缝纫机厂快速发展。然而，由于乡镇企业的经营决策出现问题，尽管业务表现不错，但业务和客户逐渐被工厂人员转移出去，导致工厂被"掏空"，最终椒江第一工业缝纫机厂破产了。

椒江第一工业缝纫机厂虽然破产了，但它却成了台州缝纫机产业的黄埔军校，培养出了诸多的缝纫机产业人才。后来台州的缝纫机大厂，包括飞跃的邱继宝、宝石的阮小明，以及阮积祥的爱人胡彩芳，都和椒江第一工业缝纫机厂颇有渊源。可以说，没有椒江第一工业缝纫机厂就不会有台州缝纫机产业后来的发展。

从个人行为到政府行为，技术、知识不断外溢，影响的人也越来越多，缝纫机产业的规模也越来越大。1992 年邓小平同志"南方谈话"后，改革开放的号角越吹越响，时代的机遇随之而来。上海的城市定位逐渐改变，纺织产业一步一步被上海这个城市所"抛弃",伴随着大量的纺织工人下岗,纺织产业也开始向浙江和江苏转移,江苏苏州的吴江和浙江台州的椒江抓住了这个机会,成为真正的缝纫机产业聚集区。台州更是抓住了这个机会,一大批缝纫机工厂应运而生,虽然起步晚,但发展速度却是空前绝后。台州像一个小巨人一样,一路狂奔,逐步奠定了中国缝制设备制造之都的地位。

杰克从偶然到必然的进化

　　阮福德、阮积明、阮积祥三兄弟的成长轨迹跟补鞋密不可分（图 1–1）。三兄弟中，最小的阮积祥从 1986 年开始和两位兄长一起前往东北补鞋，饱受艰辛，积累了一些资本带回台州。然而，他们多次尝试的生意都以失败告终，直到第六次开始了缝纫机贸易的步伐。从 1990 年到 1994 年，在不到 5 年的时间里，阮积祥的飞达缝纫机商店取得了突破，成为全台州最大的缝纫机贸易公司。阮积祥也获得了创业的第一桶金。

图 1–1　阮积祥早年用过的补鞋机

阮氏三兄弟走上缝纫机经营之路，看似偶然，如果将之放在台州缝纫机产业发展的大背景下，却有其必然性。同样，台州缝纫机产业的蓬勃发展，看似有一定的偶然性，但放在改革开放的大背景下，也有其必然性。换句话说，时代发展的大潮推动着中国经济向前，在时代的背景下，个人、区域和产业的发展背后都有着必然的因素。

台州逐渐演变为缝制设备制造之都，杰克也逐渐发展为一个跨国公司，成为全球隐形冠军。这两者背后的规律具有本质的一致性。

三兄弟齐心合力创办了飞球公司，之后更名为杰克，并逐渐走上现代化企业的发展道路。这也是一个从偶然到必然的进化过程。赫尔曼·西蒙提到的12个特质，可以在杰克发展轨迹的不同阶段一一呈现出来。

比如，创始人的雄心壮志，从杰克最初的改名中就可以看出来。阮积祥当时取名飞球的想法，是希望三兄弟创办的公司能飞向全球。后来飞球更名为杰克，同样是理性思考后要面向全球发展的一种策略。

再如，杰克始终如一的专注与聚焦战略。尽管中间经历过认识上的波动，但专注于缝制设备行业的战略从未改变，这也为杰克在每一个关键时期都能跃升一个台阶奠定基础。

再者，从创办之初，杰克就坚持全球化的策略。在企业发展的关键阶段，杰克勇于收购德国和意大利的企业。通过聚焦核心业务，杰克将视野始终放在全球范围。这已经不是偶然性经营行为，而是现代化企业在全球化进程中的必然选择。

当然，除了以上特质，其他的特质都可以在杰克的发展中找到对应项，如文化感召、人才战略、紧密的客户关系、技术创新、不断构建起来的战略控制要塞等，都是杰克不同发展阶段的重要特点。

但杰克并未局限于隐形冠军。对于德国的大多数企业而言，"狭隘"的德国市场必然要走向全球化，并走出国门。而对于中国的大多数企业而言，隐形冠军更多的是一种战略选择和路径选择，从隐形到隐形冠军，从隐形冠军到真正的冠军，从单项冠军到新的增长曲线驱动持续增长是越来越多企业的愿景。选择进入某一个产业可能有偶然的因素，但成为冠军却有着必然性。同样，增长是企业的活力之脉，增长是企业的终极使命，也只有对不断增长的追求才能让冠军基业长青。

隐形冠军杰克

JACK

02

杰克的四大发展阶段和
关键增长历程

1995

JACK

杰克

2002

第一次关键增长——
觉醒的馈赠

1995：飞球成立

经历了 1989 年经济增速减缓，1990 年下半年国家经济开始好转，原本难做的生意，变得好做起来。紧接着邓小平同志的"南方谈话"，为经济的复苏再次吹响了号角，经济增长的速度前所未有。最关键的是，随着台州服装企业的蓬勃发展，缝纫机产业也迎来发展的良机。阮积祥开设的飞达缝纫机商店发展更是迅猛，而且闯出了品牌，一路奔赴向前。

阮积祥开设飞达缝纫机商店，阮福德做纺织生意，两人生意都越做越大。飞达缝纫机商店不仅销售家用缝纫机，还销售工业用缝纫机，工业用缝纫机的销售大单需要资金，阮积祥一时拿不出大量流动资金，每当这个时候阮福德就施以援手，为他拆借资金，短则三五日，长则十天半个月。阮福德的帮助，为阮积祥提供了人和之利。否则，单凭一个小店断然无法快速发展。

飞达缝纫机商店上佳的店铺位置带来的红利相当可观，而且阮积祥和爱人胡彩芳都懂得缝纫机的原理，这些技能也帮助飞达的经营更为出众。很多人看到飞达缝纫机商店的生意好，都要跟着做，阮积祥趁机把生意做到全国。当时的路桥市场已经是全国有名的缝纫机销售集散地，各种牌子的缝纫机都在此设店。很多人到了台州后，都跟着飞达做生意，于是，他积极发展下游经销商，把自己当成总代理，让别人做分销商。为了让分销商也能够赚到钱，他给自己定了规则：一个地方不会授权两个分销点。

"我发现很多厂的老板不懂营销，他们看我做得好，就以为这边市场好，也在这里开店，想着自己来赚这个钱。我跟他们不一样，我要保护从我这里批发货物的人，让他们赚到钱，这样生意才能长久。"阮积祥说。

除了让分销商挣钱，飞达缝纫机商店在经营上也别出心裁。阮积祥改良了飞达代理的一款高压熨烫机，因为这款熨烫机喷头很小，服装厂用它熨烫衣服效率非常低，阮积祥就找了一家工厂，帮他重新设计了一款喷头，这样熨烫衣服的效率就大大提高了。他事前跟生产厂家达成了协议，这款产品由他一家包销，其他人想要销售必须从他这里走货。这款产品不仅卖到全国，还卖到了东南亚许多国家，如越南、缅甸等，给飞达带来了非常可观的利润。

后来，阮积祥得了肺结核，病愈出院后，爱人胡彩芳坚持不让他去上班，要求他在家休养。在阮积祥生病休养的两年时间里，胡彩芳把店管理得井井有条，生意也越做越大。

当阮积祥要回店里的时候，有朋友告诉他，家用包缝机卖到国外能赚钱，潜力大。此时飞达的生意已经步入正轨，有了稳定的团队和稳定的经销商。于是，阮积祥萌生了要开一家家用包缝机工厂的想法。当时，台州已经有大大小小上百家缝纫机企业，产品基本上都以家用包缝机为主，主要的销货方式都是通过外贸公司销往国外。这上百家企业中，有几十家就坐落在下陈街道，沿着三兄弟家门前的机场路，一路铺开。

和台州诸多的缝纫机工厂想法一样，三兄弟准备开设工厂，把产品卖到国外去。三兄弟中，阮福德和阮积明从东北补鞋回来后开设过缝纫机工厂，然而因为经济的动荡，生意难以为继，阮福德就把心思放在了纺织上，阮积明接手了这家小厂。当阮积祥萌生开设缝纫机工厂时，他找到了二哥阮积明。

三兄弟分家后，阮积明心无旁骛，一直都在家里坚持开设家用包缝机工厂，但生意不太好。阮积祥找阮积明商量合作事项，很快达成了一致。阮积祥懂技术，能维修能做售后，又有销售渠道，两人一起干那就是天作之合。

在阮积明和阮积祥准备开干时，大姐夫阮孟合找到他们，开门见山地给两兄弟讲了他的想法：

"兄弟齐心，其利断金，你们三兄弟这些年各自摸索，在找自己的路，现在阿祥已经差不多摸索出一条合适的路。福德也把生意放下，你们兄弟三个一起干，每个人都多两个帮手，把这个工厂做好。"

母亲阮香莲也参与了讨论，和三兄弟开了一个家庭会议，并达成一致，兄弟三人按 22.5%、22.5%、55% 的比例持股，阮福德和阮积明分别占股 22.5%，阮积祥占股 55%。股权分配完毕后，基于母亲和大姐夫对三兄弟性格特点的充分了解，三兄弟也很快达成了职责分工（图 2-1）。

老大阮福德，常年在外跑业务，性格外向，善于与人沟通，负责公共关系、政府事务。事实上，在创业的早期，阮福德是公司主要的业务人员，为公司销售体系的搭建立下汗马功劳。

老二阮积明虽然性格内向，但为人严谨，对上对下又非常和善，他对采购业务了如指掌，所以由他负责采购和保证品质。

老三阮积祥最为年少，但是读书多，爱学习，有思想，有眼光，遇到事情善于决断，敢闯敢冒，由他负责公司的整体战略和管理。

分工完毕，利益机制已然确定，三兄弟背靠一个坚强的家族后盾开始走马上任。在当时，面对错综复杂的市场，家里能上阵的人都上阵了，除了阮积祥的爱人胡彩芳还在管理飞达缝纫机商店，阮福德的爱人管娇芬、阮积明的爱人罗玉香等都到工厂工作了。

阮积祥和胡彩芳经营的商店叫飞达，工厂就叫飞球，寓意很简单，"飞球，

图 2-1　创业时期三兄弟合影
（从左至右，依次为阮积祥、阮积明、阮福德）

飞球，让产品飞遍全球"。这是他们创业的初心，要让"飞球"飞遍全球，做全球最大的缝纫机企业，做缝纫机行业的领导者。

　　就这样，1995 年 7 月 18 日，就在三兄弟家的隔壁——下陈横塘村一所破旧废弃的小学（图 2-2），台州市飞球缝纫机有限公司正式挂牌成立了（图 2-3）。谁也没有想到，这个不起眼的小厂，悄无声息地投入到台州缝纫机产业蓬勃发展的大潮里，开始它一路向前的征程。

图 2-2　1995 年，横塘村一所废弃的小学

图 2-3　成立伊始的台州市飞球缝纫机有限公司

1998：和、诚、拼、崛

　　1997 年 2 月，阮美玲加入飞球。进入飞球半年后，有一天阮积祥拿着一张"人本超市"的海报给阮美玲看，里面有一篇报道东南亚金融危机的文章。阮积祥跟她说，你能不能模仿这篇文章写一篇报道，提升员工的凝聚力，还笑着说我们也可以办一张这样的报纸。阮美玲听阮积祥这么一说就懵了，心想就这几十个农民工办什么报纸。

　　报纸怎么搞不知道，但文章还真写出来了。她拿给阮积祥看，阮积祥还挺满意。文章先登到了黑板报上，然后在广播里反复念。大概意思是：当下的经济环境不好，在这样的情况下，很多企业不景气，外贸不好做，工资发不出，员工面临下岗，倒闭的企业也很多。飞球虽然刚刚起步，规模不大，但生意不错，也从不拖欠工资，希望大家珍惜当下的工作。今天工作不努力，明天努力找工作。关于办报纸的事，当时就不了了之。

　　1998 年的一天，阮积祥找到阮美玲，说："这段时间我一直在思考，我们的企业精神是什么？我提炼了三个字：'和''诚''拼'。但总感觉还缺点什么，我想再提炼一个字，这个字应该是前面三个字的升华，你帮我一起想想，也可以问问其他人，集思广益。"

　　消息一出，不断有人提出备选的字，"新""高""创""勇"……不过没有让大家都满意或眼前一亮的。阮美玲想，前边的三个字"和""诚""拼"都挺好，这些字想表达的不都是希望企业生生不息，能够屹立民族制造之林吗？想到这里，一个"崛"字在她的脑海里浮现。

阮美玲觉得，"崛"字好，不管是读音的声调还是文字内涵都有升华的感觉。和、诚、拼、崛，有和的底蕴，有诚的品质，有拼的气魄，就该有崛起的意志和愿景。而且"崛"字也挺形象，左边一个"山"，右边一个"屈"，而"屈"又是"尸"下两个"山"，这两个"山"组合到一块又是一个"出头"的"出"。所谓拼搏者无悔，只要拼搏到底，哪怕困难重重，依然可以被托起，在绝境中重生，在行业中崛起（图2-4）。

图 2-4 杰克厂区的"崛起"雕塑

"和、诚、拼、崛"的企业精神就这样定下来了。这是公司诞生的第一个核心理念，也是至今唯一只字未改的一个。

图 2-5　飞球早年举办漫画大赛，员工创作的"和、诚、拼、崛"

1999 年，飞球那时候还没有改名为杰克。虽然历经东南亚金融危机，外贸生意不好做，但是这一年这家公司的销售额却从 1995 年的 121 万元，突破了 2900 万元，增长了近 23 倍。

这个时候，一个不到百人小厂的企业报诞生了，这份报纸的名字也很奇特，叫《飞球天地》（后改名为《杰克报》）。

从接到阮积祥要把企业报办起来的指示，一年多的时间里，阮美玲几乎忘了这件事情。后来阮积祥到清华大学读 A 管理模式职业进修班，看到了清华大学的校报，再次激起了要尽快把报纸办起来的愿望。他把报纸拿给阮美玲，算是给她一个参照。同时又给阮美玲找了一个帮手——许翠玲。许翠玲读书比阮美玲多，在读中专的时候做过校报通讯员，她加入后一边做绘图技术员工作，一边协助阮美玲创办企业报。

如何办报纸？阮美玲没经验，许翠玲没经验，阮积祥也没有经验，整个飞球公司都没有经验。当时台州遍地开花的民营企业，还没有一家企业能办出一份企业报来。

一份报纸，少说也要 3 万字，面对这样一个只有 70 人左右的家庭小作坊，员工平均学历初中都没有毕业，报纸栏目怎么设置，内容怎么策划，文章怎么写，阮美玲绞尽脑汁，没有头绪。但想到阮积祥这么迫切要把企业报办起来，自己也没有理由再让他失望。于是，她到村支书家拿了很多报纸来研究如何策划，如何写稿，如何排版……由于当时企业实在太小，没有任何可报道的新闻，阮美玲除了自己白天管仓库，晚上在办公室写稿外，只有到车间向员工约稿。经过一个多月的努力，第一期报纸终于在 6 月 18 日出版了。

当时，阮积祥特别开心，还组织全体员工举办了发报仪式，阮积祥、阮福德、阮美玲都上台讲了话。当所有人拿到报纸后，映入大家眼帘的一段发刊词，让这些整日忙碌于车间的工人第一次有了一种和每日加班劳累不一样的感觉。

在公司即将创建四周年之际，台州市飞球缝纫机有限公司首期《飞球天地》内部刊诞生了！它将立足企业的管理理念，面向形形色色的人事动态，关注企业的各项发展动向，传递企业内部的各种信息，接轨现代企业的风格特色，沟通你我的思想感情，以耳目一新的姿态呈现给为飞球辛勤耕耘的全体员工。

博众家所长，创飞球之特色——《飞球天地》，将顺应企业发展的潮流，谱写二十一世纪飞球公司的新篇章。飞球也将以"和""诚""拼""崛"的精神为目标，实施扁平、组合管理模式，坚持奖惩分明。同时积极鼓励创造发明，注重技术开发，调整产品结构，实施全面质量管理，走结合中国国情的国际化现代企业之路，矢志成为中国最好的缝纫机生产企业。飞球的开拓进取、奋进历程，将通过本刊及时以飨员工。

"宝剑锋从磨砺出，梅花香自苦寒来。"

让我们共同祈盼刚刚诞生的《飞球天地》，不断吸吮办报经验的营养，为飞球公司美好的发展前景发挥出更大的推进作用。

在排版的过程中，阮美玲考虑到下一期的稿源，就在报纸上发表了一篇关于庆祝 7 月 18 日公司成立四周年的征稿启事。阮积祥看到这则征稿启事后，突发灵感，又跟阮美玲说，7 月 18 日要搞一场庆典活动。阮美玲又紧锣密鼓地筹备庆典晚会和各项文体活动。阮积祥、阮福德、阮积明三兄弟亲自上阵参加拔河比赛，并在晚会上献唱《爱拼才会赢》。从此以后，公司每一年的周年庆都如期开展，厂庆也成了员工半年度凝心聚力的加油站！

28 年来，阮氏三兄弟每年都早早惦记着 7 月 18 日这个特殊的日子，叮嘱公司负责企业文化的人员，提前策划、筹备一年一度的厂庆活动，并让各个部门的人准备节目，最大范围动员员工、员工家属等参与到厂庆活动中。在厂庆的日子里，三兄弟不管身在何处，都会把时间预留出来，提前返回企业总部，从不缺席厂庆活动。

1999：三天三夜会议

1999 年春节前夕，阮福德、阮积明、阮积祥三兄弟照例开着车，给骨干员工挨家挨户送红包。三兄弟一边发红包，一边交代：过了年，初七到下陈镇的税务所开会。三兄弟通知了十几个人，但没有人事先知道开会的主题是什么，具体要讨论什么。

春节假期还未过完，在借用的下陈镇税务所里，阮福德、阮积明、阮积祥和十几位管理干部，聚集在会议室。

会议一开始，阮积祥先开场，不讲成绩，不表彰，反而从失败说起。他说，一年多从全国市场跑下来，据他对台州缝纫机企业的观察，很多企业已经出现了分化，一部分壮大了，并且有了一定规模，另一部分反而倒下了。而在这几年的发展中，飞球有幸一步一步壮大。对倒下的那些企业，阮积祥分析了以下几个原因。

家族分裂。同甘苦共患难容易，但当企业到了一定规模的时候，部分决策和利益分配使得矛盾激化，导致家族内部分道扬镳，最终的结果是产品同质化，恶性竞争，整体实力削弱，必然是两败俱伤，甚至消亡。

小富即安。囿于小农经济思想，不思进取，没有长远的目标，安于现状，而市场经济的铁律就是不进则退，你不增长，市场必然拱手让人。

贪图享乐。富贵而忘本，丢掉艰苦创业、勤俭朴素的传统，沉迷酒色，玩物丧志，最终毁于挥霍无度之中。

阮积祥给所有的管理层敲响了警钟，展现了他少有的"硬气"。会议的核心主题也被抛了出来，那就是公司如何长远发展的问题。"如果弄不出来个结果，我们绝不休会！"

阮积祥抛砖引玉，来开会的人却一头雾水，从来没有人想过，企业的长远发展跟我们有什么关系？但是阮积祥在向与会的每一个人叩问："我们怎么办？是求发展还是守摊子？是继续搞小作坊，还是走现代化、规范化的道路？"与会的人没有想过这些问题。三兄弟挤出专门的时间，租用了会议室，把大家召集起来，开这样一个会议，让大家参与讨论，并没有把参会人员当外人。问题的关键是，厂子发展好了，跟每个人的收入是息息相关的。

话题被打开了。有人说，哪个厂的哪个人发了，哪个厂子扩建了，厂子现在有多大多大，我们也应该像他们那样扩厂、招人、增产。有的说，哪家工厂看起来很正规，厂服、厂旗、厂规、厂纪很规范。就这样，十几个人的会议，不知不觉讨论了一天。而经过一天多时间的讨论，会议的主题终于拟定了。

飞球要发展，要壮大。如何发展壮大？怎么做才能发展壮大？

这些问题在热烈的集体讨论之下被提出来，这也意味着大家统一了思想，统一了认识，有了基本的共识和想要达成的目标。在这个共识之下，再往下分解就变成多个问题，而从另外一个层面讲，问题既然提出，答案往往会随之而来：公司要扩大生产，就要扩建厂房，要招工；公司要走现代化管理的道路，就要建立规章制度，遵循制度第一、总经理第二的基本管理原则；定牌贴牌不是长久之路，要建立自己的品牌；要转型，从生产家用缝纫机向生产工业缝纫机转型。

对于前三条，大家很快达成了统一认识，但从生产家用缝纫机向生产工业缝纫机转型这一条，一经提出就遭到了不少人的反对。在当时，飞球主要生产家用小包缝纫机，这些产品要么销往海外，要么销往我国北方的一些城市和农村，作为每家每户的"三大件"，家用小包缝纫机往往搭配着大缝纫机进行销售。女子出嫁，会陪嫁一台缝纫机，再搭配一台小包缝纫机。工业缝纫机主要是给服装厂用，不仅转速高，而且一年里几乎每天都在高速运转，对稳定性、持久性的要求非常高，生产的难度可想而知。

当时飞球负责技术的人员，都是从台州不同的工厂招聘过来的，而这些人拥有的更多是关于家用缝纫机的技术。这些技术人员虽然在台州是一顶一的尖子，但是要用在生产工业缝纫机上，能力并不匹配。所以，当大家讨论生产工业缝纫机时，意见立马泾渭分明，技术人员提出了明确的反对。生产转型，技术人员最有发言权，技术人员言语中有退缩之意，其他人也都沉默不语。

转型生产工业缝纫机，厂房不匹配，生产车床需要更换，装配工人没有经验，市场销路不明确。最重要的是，技术不具备，连个图纸都没有，生产的东西什么样也不知道。话匣子一打开，问题就一堆一堆出现，所有的困难都接踵而至。大家觉得，从生产家用小包缝纫机转型为生产工业缝纫机，就如三岁小孩登泰山，不知天高地厚。

整个厂子几十号人，与市场接触最多的就是三兄弟，尤其是阮福德、阮积祥，长期在市场里摸爬滚打，他们意识到，虽然家用缝纫机市场还很兴旺，但转型势在必行。那个时候，虽然各家各户打毛线织毛衣的很多，但是买成品衣服越来越成为一种日常消费行为。过年的时候母亲扯点布给孩子做新衣服的习俗已经差不多被抛弃，过年的新衣服是要买的，手工制衣的成本明显要高于直接去市场上买衣服，而这背后必然是服装厂的大规模扩张。

三兄弟的意见很一致，如果不转型生产工业缝纫机，很快将穷途末路。阮积祥将所观察到的和所有想到的全盘托出。有些人已经认识到了问题的关键所在，不过三天下来，关于转型的问题并未达成共识。有些人意识到有问题，但脑子就是转变不过来，不仅自己无法扭转，而且还影响他人的认知。

好的一点是，转型生产工业缝纫机未能达成高度共识，但其他议题几乎没有障碍，共识度非常高。公司的考勤、作息、财务、生产基本流程、工艺和质量等各项规章制度在这三天时间里，一项一项定出了框架。

年后，两座现代化的标准厂房，一座办公大楼，一座员工宿舍拔地而起（图 2-6）。这次的"三天三夜会议"中悬而未决的问题，随着时间的推移，也开始慢慢解决。三兄弟明白，看上去是一次生产的转型，实际上这是杰克发展史上的第一次变革。变革必然要有人员变动，企业的发展必然需要人的进步。

图 2-6 2000 年，崭新的飞球办公楼

一个人的觉醒很多时候来自偶然，一个群体亦然。

阮积祥说："我们这一代民营企业家是幸运的，既有前几代企业家的成功经验可供我们学习，又有他们失败的教训可供我们吸取，使我们少走了不少弯路。一个有远见、有事业心的民营企业家，一定要自觉地杜绝和防范这些企业通病，除了要加强学习和教育外，一定要不断地提高对企业的目标追求，不断用新的目标激励、约束自己和员工，引导企业不断前进。"

三天三夜的会议并不是一个偶然事件，但从一家作坊式的小工厂向现代化大生产、现代化管理迈进，是阮积祥个人觉醒到家族觉醒最后到企业觉醒的过程。这个觉醒的过程是发现问题的过程，也是家族企业向企业家族转折的过程，更是从人治到科学管理的开始。

1999：三请滕书昌

　　三天三夜的会议，大家达成不少共识，但大多数人还是一头雾水：明确了规章制度，但产品怎么做才是最关键的。没有好设备，没有产品设计图，更不知道产品会做成什么样。至于什么是现代化管理，更是无人知晓。

　　三兄弟告诉大家，只要立下了目标，产品没有我们可以造，人没有我们可以找，管理不懂我们可以培训，技术工人没有我们可以招聘，专家没有我们可以培养、聘请。话虽如此，很快第一个难题就出来了，原来的一批技术人员要离职。

　　从生产家用缝纫机转型为生产工业缝纫机，是一个艰难的历程，要付出很大的代价。台州有大批做家用缝纫机的工厂等着用人，为什么要在你飞球这里浪费时间？三兄弟给这批技术工人描绘了宏大的市场前景，但还是有不少人离开。

　　一个刚刚成立几年的新公司转型，几乎每个模块和领域都有这样那样的问题。所以，当从报纸上看到清华大学A管理模式职业进修班的招生启事时，阮积祥兴奋得像抓住了救命稻草一样。那时候他不知道什么"985""211"高等院校，他只是看到了校园里朝气蓬勃的毕业生，他并不是羡慕象牙塔里的生活，而是想如何将这些人吸引到杰克。

　　所以，他把招聘摊位摆到了清华大学的校园里，同时准备聘请一位重量级人物——滕书昌。

公司办公室很早就订阅了缝纫设备行业的几本杂志——《中国缝制机械》《中外缝纫设备》等，每当有新杂志寄来，阮积祥都会一一翻阅，了解行业信息。他对滕书昌的了解也是从杂志上来的。滕书昌是一位资深的缝纫机行业专家，国内少有的享有国务院政府特殊津贴的技术带头人，尤其是对工业高速包缝机研究有深厚造诣。阮积祥从杂志上看到他的信息时，他还是天津天工缝纫机公司的技术总工。阮积祥到清华进修的时候，滕书昌已经退休了。阮积祥跟大哥二哥商量，想要把滕书昌从天津请到台州，做杰克的技术顾问。三兄弟很快达成一致。

话虽如此，如何去请这样一位行业的前辈，是个难题。首先连介绍人也没有，滕书昌住在哪里也不知道。如何搭上话都是问题，更别说对滕书昌的情况有足够了解，不知道对方心里是怎么想的，以什么方式才能请他过来。

左右托人，终于找到了滕书昌的住址，趁着在北京读书的间隙，阮积祥直接跑到天津滕书昌的家中。

等阮积祥敲开门，滕书昌见到一个三十来岁的小青年，手里提着礼物，听他表明来意，说是慕名来访，感觉就像开玩笑一样。尽管阮积祥表现得非常诚恳，表述也干脆直接，滕书昌只是把他引进门，象征性客套一番，就告诉他，自己从天工缝纫机公司退休，原来单位有规定，不方便到台州工作，就这样把阮积祥打发走了。

没过一个月，阮积祥又来到了天津。这一次，他提前做了准备，对眼前这位高人的工作经历、技术方向等都有了深入了解，把各种杂志上关于滕书昌的内容都看了一遍，也着重分析了这位老者的顾虑所在。阮积祥向他表明了自己的雄心壮志。不过，一个一百多人的小厂实在让阮积祥拿不出手，试想，一位享受国务院政府特殊津贴的专家，如果加入飞球，最后没能帮助飞球把产品搞起来，名声扫地，岂不令人唏嘘？阮积祥重点向滕书昌介绍了自己的规划，讲述了飞球本来就有包缝机的业务，和滕书昌的技术方向完全一致。此外，他还描述了自己的梦想，以及他们三兄弟的经历。他希望对方能先到台州的飞球工厂去看一看，然后再做决定。这一次，滕书昌没有拒绝，也没有答应，听完阮积祥讲述的三兄弟的经历，他对眼前这位年轻人竖起了大拇指。

三请诸葛亮，诚心必为所动。

阮积祥第三次到滕书昌家里，滕书昌仍然没有答应，但他对待这位年龄相差一倍的年轻人，就像忘年交一样，不仅客气，还赞许不已。这次阮积祥带来了更详尽的方案，除了薪资诚意到位，他还希望滕书昌能带着一帮有经验的技术人员一块到飞球来，这样无论是在能力培养还是在工作开展上，都会得心应手。最关键的是，阮积祥向滕书昌表明，希望他能带领一帮有朝气的人，让中国的缝纫机技术再次取得突破，而不是一直仰外国人鼻息。

滕书昌没有直接答应加入飞球，不过他答应阮积祥有时间一定要到台州看看飞球缝纫机是个什么样。一个多月后，阮积祥接到了滕书昌的电话，说他要带几个人过来先看看，这时候公司已经将新的工厂、宿舍楼、办公楼给盖了起来。

2001：杰克诞生

在做外贸业务的过程中，飞球遇到了一件让人哭笑不得的事情。当时，飞球的产品委托外贸公司到美国参加展会。尽管参展投入不菲，但最后一台机器也没卖出去，毫无成果可言。外国参观者看到飞球的展台后都低声交谈，不知道他们在谈论什么。这些参观者压根不向前靠，更别说询问缝纫机的价格、性能，以及达成合作意向了。

阮积祥和他的委托代理外贸公司通过熟人才了解到事情的真相。

原来，外国人一看到飞球展台，看到飞球的拼音"Feiqiu"，念起来跟外国人骂人的话"FUCK YOU"发音相近，因此大家都避之不及。在西方人的文化里，怎么会有人起这样一个与骂人的话发音相近的名字呢？阮积祥原本想通过将公司名称从"飞达"改为"飞球"，让产品飞遍全球。然而，谁也没想到，当产品第一次走出国门展示时，就遭遇了如此尴尬的局面。当然，这个时候他才深刻地意识到，起名字的学问实在太深奥了。

1997年底，由国际知名导演卡梅隆执导的电影《泰坦尼克号》在美国上映。这部电影讲述了来自不同社会阶层的两个人，青年穷画家Jack和贵族女孩Rose抛弃世俗的偏见，坠入爱河，最终Jack为了救Rose而牺牲了自己的感人故事。

爱情是人类永恒的主题，受到世人的青睐。电影一上映就引起了全球范围内的热烈讨论。1998年4月3日，作为中国第一次引入的美国大片，《泰坦尼克号》在中国上映。

阮积祥平日并没有看电影的习惯，但面对万人空巷的热潮，他的爱人胡彩芳还是拉着他走进了影院。尽管这部电影是被迫观看的，但电影的故事却让他沉浸其中。然而，唯美的爱情并没有让阮积祥耗费太多的心神，反而给了他一些启发。

因为飞球的产品在美国参展遭遇到不小的尴尬，一直萦绕在阮积祥心头的是将飞球换一个什么别的名字。尽管他搜肠刮肚在想，但一直没有合适的想法，《泰坦尼克号》中的Jack给了他启发。

更换"飞球"的名字已经是板上钉钉的事情，但是具体换成什么名字并未决定。当时阮积祥已经安排人注册了多个名字，如布鲁斯、安可信等。从提议将"飞球"改名为"杰克"到最终实现，这中间也经历了半年多的时间（图2-7）。

为了吸取"飞球"的教训，阮积祥研究了不少起名的规则，广泛征询意见，并组织专家论证。从注册商标到改名，再到2001年7月25日正式定名为

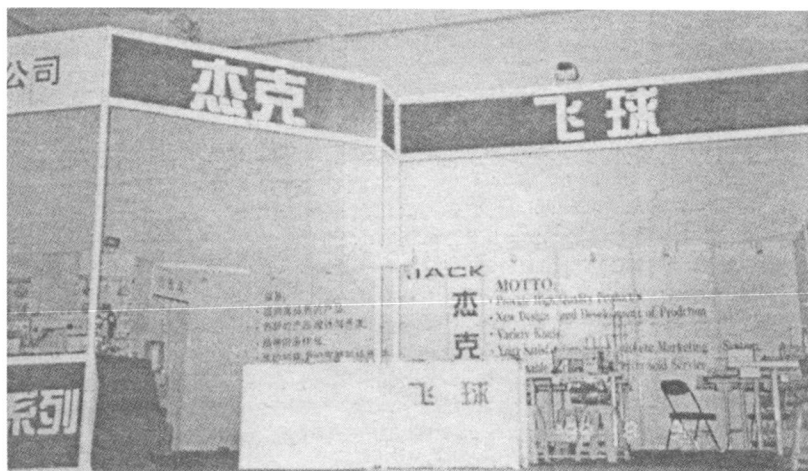

图2-7　2000年，飞球更名杰克，双品牌国外参展

杰克，这中间有一个漫长的过程。虽然改名看起来是一个不起眼的小动作，但背后却隐藏着一些阮积祥令人难以琢磨的想法。

杰克（JACK）这个名字在全球范围的叫法都是一样，直接发音，好听易记，没有歧义，而且在英文中还有"王者风范"的寓意。一个中国企业想要改成有洋味儿的名字，首先要克服的就是勇气。在国内的企业名称中，几乎没有像"杰克"这个名字如此具有国际范儿的。飞球的本意是"飞球，飞球，飞遍全球"，杰克的国际范也承载了阮积祥最初的想法。

经常会有人讲，一个人60岁的成就很多时候无法和一个少年的梦想相提并论。世界上有很多人的梦想是一步一步被撑大的。所处的位置不断变化，会让大多数人的梦想膨胀，特别是因为年龄、环境、私欲的变化而不受掌控，大多数从辉煌时期跌落下去的企业家都是如此。难能可贵的是最初的梦想。

改名杰克的背后，不是技术问题，从根本上讲是业务转型的问题。从家用缝纫机到工业缝纫机，冲向全球市场竞争是必由之路，而不是把目光盯在国内。从过来者的视角看，其中有很强的偶然性，如果没有爱人胡彩芳拉着阮积祥去看一场世纪大片，故事曲线会有别的走势。但这偶然的背后，又有其必然性。从提议改名为杰克开始，经过了杰克内部充分的讨论，所有人看到杰克（JACK）的名字就会有一种心理上的感官反应传递出来。

改名也意味着思想层面的动员。2001年，杰克很年轻，阮积祥也只有32岁，这个年龄看起来甚至还显得稚嫩。这年，杰克的销售收入不过几千万元，但是要做全球第一的缝制设备企业，就要思考这个远大的愿景如何支撑？阮积祥认定了要走现代企业管理的道路，这是没有标准答案的探索之路。改名为杰克也决定了这条路已经开始。

2001：至暗时刻

2001 年，中国加入 WTO 的谈判已经持续了 14 年。2000 年中国的 GDP 增速达到了 8.43%，这一经济增长速度让世界都为之惊叹。服装产业在中国加入 WTO 之前的疯狂也在上演。服装厂越来越多，缝制机械设备的业务应接不暇。

2000 年 9 月，两年一度的中国国际缝制设备展览会在上海召开。这是缝纫机行业的盛会。这个展会从 1996 年开始举办，有国内外的厂家参加，如重机、兄弟、飞马和标准、上工、飞跃、华南、天工等国内品牌。这一年，杰克早早筹备参会，但在展会开始前，公司收到了一封信。信中直接指出，杰克的产品设计侵犯了知识产权专利，因此被拒绝参展。

问题很清楚，当时的一家国营大厂认为杰克侵犯了他们的知识产权，并明确要求行业协会拒绝杰克参展。国营大厂当时在行业协会有话语权，尽管阮积祥再三向协会争取，向协会讲述了杰克的发展历程，但杰克还是没能参加展会。由于无法参加行业大展，杰克开始筹备在展览中心附近的酒店租赁一个场地，搭建了一个展台，然后把客户邀请到酒店参观洽谈。

这一年的业务蒸蒸日上，然而在快速增长的同时，一件大事悄然来袭。

阮福德和阮积祥一直都身兼数职，全身心投入到经营管理中，奔波于市场，尤其是在北方市场，如河北、山东、河南等地。在工厂里，产品线经过一年多的磨合，集中生产的产品，如平缝机、包缝机等销量走势都不错。然而，谁也没有关注到一个细节，那就是销售数据不断攀升的同时，仓库里的一款主要销售产品——平缝机开始出现退货。

无人察觉到这个退货现象，最有感知的本来应该是销售和仓库管理员，不过他们当时觉得只是正常的退货，且在合理范围内。仓库管理员也不知道正常的退货率到底应该是多少。

市场的反馈非常滞后，阮福德、阮积祥还在不辞辛苦开发新的经销商。从2000年的下半年开始，直到2001年，这款产品没能逃过市场的检验。

最开始是河北的一个经销商发现平缝机油封内的橡胶出现了问题。新产品用了不到半年的时间，橡胶就开始膨胀发泡，最后油封无法达到密封的效果，出现漏油。随着产品使用时间延长，橡胶发泡的机器越来越多，经销商耐不住了，要求退货。接着是山东的经销商、河南的经销商、新疆的经销商，颓势扑面而来，来势汹汹，全国的经销商都遇到了问题。

关于缝纫机的各种产品品类的市场供需和销售占比，平缝机占到了全部工业缝制设备的55%—60%，包缝机占全部工业缝制设备的15%—20%。然而，问题就出在销售占比最大的平缝机上。

大规模的退货开始了，仓库很快就堆不下，开始堆到厂房里，接着堆到院子里。如火如荼的市场，几乎一下子按下了暂停键。等阮积祥从清华大学心急如焚赶回来时，退货已经挡不住了。看着到处都是堆积的产品，他好像在炎热的夏天一下掉进了一个雪崩的窝窝里，感到头晕目眩，乱了阵脚。

平缝机的生产开始停滞，这一年多时间里，工厂的人数从不到100人猛增到200多人。然而，生产停滞也就意味着工资无法发放。那些刚刚培养起来的熟练工人在市场上最为抢手，没有人会给你时间解决问题。因此，很快这200多人中就有超过一半的人离开了工厂。

外部的流言蜚语影响更大，离开了的人跑到其他工厂。好事不出门，坏事传千里。在那个时期，"杰克的平缝机漏油"成了行业人茶余饭后的谈资。阮积祥走到工厂门口的小路上，新盖起来的厂房崭新如初，街坊邻居也在窃窃私语。在这种形势下，人们很容易给这个诞生了 6 年的企业下一个断语，"看样子，这家企业要倒闭了。"

像"闪光灯"事件一样，这次事件来得快、来得猛，让人猝不及防，伴随着不可名状的痛苦。退货仍在持续，工人也在流失，风言风语也无从制止。既然该来的总会来，那么与其被动地等待结果还不如放手一搏。

三兄弟召开会议，第一要务是查看账上还有多少资金。幸运的是，三兄弟从创办飞球伊始，完全不像其他企业那样每年都要分红，将赚到的利润分干吃净。每年企业都有可观的利润，除了用于奖励优秀的员工外，大部分都流入到了公司的经营流动资金中。三兄弟从不分红，就是为了确保公司的永续经营。这无疑是不幸中的万幸，充足的资金意味着企业的生命线得以延长。

首先，对于退货的经销商，杰克立即安排退款。诚信合作是第一要务，避免给经销商造成损失，确保经销商赚钱。这是从飞达商店开始，阮积祥就积累下来的经营之道。其次，对于存在问题的产品，杰克立即组织技术人员奔赴全国各地进行免费维修，以最快的速度响应客户的需求。同时，杰克对没有离开的员工进行专门的培训，以便他们能够很快奔赴全国各地，对批次的产品进行检验，尽最大努力降低客户和经销商的损失。最后，安抚工人的情绪，并说明情况，确保工人的权益。杰克将快速复工复产，并尽可能留下更多的工人。

最关键的是查找问题的根本原因。调查的结果是，供应商的橡胶质量存在问题。橡胶的质地不佳，导致在油封里浸泡的时间过长后发泡、膨胀，进而把油封口挤开了，这使得油封起不到任何密闭的作用，油自然流出来。那么，油封出问题是否是因为设计的问题呢？调查结果显示，并非所有的产品都存在问题，有些产品并未漏油，而有些则漏油。关键在于橡胶质量的差异。为了改善橡胶的质量，技术人员提出了解决办法：换供应商。

这场持续了半年的危机，以一种被动的阵痛让三兄弟再次觉醒，得到一个非常浅显直白的体会——质量就是生命。很快，在杰克下陈工厂的主干道上就出现了这样一句标语——"今天的质量，明天的市场"。所谓知易行难，这句话说起来简单，付诸实践并不容易，要成为血液里、基因里的认识更难，没有足够的痛是不会形成持续的切身感受，更难以打下烙印。但幸运的是，"质量就是生命"成了杰克现代化企业管理的第一课。

2001：第一代产品

阮积祥是台州企业家里首个进入高校在清华大学系统学习企业管理的人，并于 2003 年，成为首个考进中欧 EMBA 班并获得高级工商管理硕士学位证书的企业家。当时，台州的媒体纷纷报道了这一消息，阮积祥因此成为了台州学习现代企业管理的先锋人物。

在杰克平缝机漏油事件发生时，阮积祥正在清华大学参加管理培训课程。为了处理这一突发事件，他不得不请假返回。那一年正是 2001 年，中国正式加入 WTO，随后服装行业迎来极大的发展机遇，同时也面临着挑战，尤其是服装产业背后的缝制设备产业更是如此。

服装、纺织、鞋帽等行业一年就能带来 260 万个就业岗位。随着就业人口的增多，机械设备的使用量必然会增加，带来的机遇显而易见。从另外一个角度来看，国外的机械制造厂家也会快速地进入中国市场，与中国企业展开竞争，面临的挑战在所难免。

中国的缝制设备生产，从 20 世纪 80 年代开始，经历了全球缝制产业史上最大规模的产业转移。然而，中国缝纫机产业的发展一直处于初级阶段。这个时期的中国缝纫机研发和生产还一直采取"跟随"战略，多数的中国缝纫机工厂都是"买图纸生产，照样机翻版"。杰克在从家用缝纫机转型工业缝纫机的过程中，也经历了这个过程。所谓"第一步做出产品，第二步做出好产品，第三步才是做好产品"，这是一个必然的、循序渐进的过程。"跟随"策略是中国缝纫机产业早期发展的真实写照。

1999 年，在滕书昌加入杰克前，杰克就开始学习研究行业一款超高速包缝爆品。阮积祥和已加入杰克两年的技术人员邱卫明一起，反复拆装、测绘，深入分析这款产品的构造原理，并绘制出了杰克自己的第一张机壳图纸。

滕书昌的加入（图 2-8），加速了这款包缝机的问世。滕书昌是国内知名的包缝机专家，对包缝系列产品深谙其道。滕书昌在加盟杰克时还带来了多位资深的缝纫机工程师，确保了产品研发、配件、生产等各个环节都有专业人员进行管理和监督。产品的配件由滕书昌亲自在天津缝纫机供应链采购，而机壳生产则由高水平的技工进行打磨，所有的细节都追求极致完美。

图 2-8　时任杰克常务副总经理阮林兵（左）向滕书昌（右）颁发聘书

技术的核心在于铜连杆加工技术、球曲柄和偏心凸轮配合技术。当时市面上都流传中国技工和日本技工的差距主要在于这些关键技术上。尽管两者在产品配件、加工车床、加工工艺和流程上都相同，但中国生产的产品依然无法媲美日本产品，生产出来的产品精度达不到要求，这种差距可能只是微小的，但产生的振动和噪声却有不小差距。

这款包缝机的一个核心性能监测指标是振动的摆幅大小。有一次，阮积祥到车间现场，在缝纫台上竖立了一支没有点燃的香烟。由于过滤嘴香烟倒立且上重下轻，稍有振动即倒下。阮积祥把机器打开运转几分钟，就为了看看这根香烟会不会倒。虽然这个检验办法粗糙，但如果连一支香烟的测试都通过不了，那么所谓的测试指标肯定不过关，自然还有很大的改进空间。在杰克经历了平缝机漏油事件后，产品的质量已经提高到一个前所未有的高度。很快杰克又提出了产品质量靠的是研发和制造端把控，而非由检验员来发现产品的质量问题。

产品研发出来后，很快就获得了国家火炬计划奖，其转速更是达到了 6500转/分。这款产品被命名为 JK-777，标志着国内第一款超高速包缝机在杰克诞生了。随着 JK-777 的诞生，杰克包缝机产品在行业内的地位也逐步树立起来，成为公司第一款拳头产品。

1999 年，阮积祥从 A 管理模式的课程上了解到 ISO9002：1994 质量体系。他开始组织邱卫明带领一个 6 人的团队参加培训，并引导全员践行这一质量体系的操作要求。经过一年多的流程改进，2000 年 7 月 15 日，杰克顺利通过ISO9002：1994 质量体系的认证。2002 年，在经历了 2001 年的阵痛后，杰克成立了标准化委员会，开始统一管理标准的制定、执行、修订和管理，其中包括零件、工艺、设备使用维修、安全与环保等技术标准，以及业务流程图、信息传递路线标准等近 200 项。

阮积祥非常庆幸，在整个中国缝纫机产业都在做外贸时，面对火热的市场，他意识到了产品质量的重要性。他把质量这根弦绷得紧紧的，最终还是百密一疏，在供应链源头出了问题，出现了 2001 年的平缝机漏油事件。这一事件使得整个杰克对产品及产品质量和品质的敬畏程度进一步提升了一个台阶。

杰克的第一代产品，和大多数中国缝纫机工厂的产品一样，以仿制为基础，但仿制并不意味着降低产品质量标准和要求，反而成为中国产品追求极致的一种鞭策。那时候，中国产品素有"国际品质，本土价格"的说法，例如杰克当初的 JK-777，国外竞品的售价可达 1 万多元，而杰克的产品售价仅 7000 多元，生产成本约 5000 元。这种差价正是中国产品追求的品牌溢价。高质量低价格，也是中国加入 WTO 之后的写照。

2002：第一次关键增长

从 20 世纪 90 年代开始到中国加入 WTO，世界纺织产业已经基本实现了产业的转移。中国沿海地区成为最早的转移区域。中国是世界缝纫机生产大国，最明显的一个特征是缝制设备生产集中度明显提高，形成了以上海、浙江、江苏、广东、天津、陕西六个主要产区为标志的产业集聚区域。尤其是浙江和上海，整机和零部件的生产分工和协同基本形成，国内缝纫设备的零部件 80% 都可以与国外厂商的设备通用，社会化的生产程度不断提高。在这个阶段，跟随和仿制仍然是中国缝纫机产业发展的主流策略。

21 世纪到来，加入 WTO 带来的红利远远超过其带来的知识产权的约束。全国的缝纫机企业突破 300 家，零部件企业也超过了 350 家。家用多功能缝纫机品种不断丰富，工业缝纫机生产的品种达到 600 多种。当时行业内，形成了标准、上工、飞跃、中捷、宝石、华南等知名缝纫机品牌。东部有上海上工、台州飞跃，西部有西安标准，北方有天津天工，南方有广东华南。2002 年，全行业的产值接近 200 亿元，创下历史新高，中国的缝纫机产量占世界总产量的 60%，产品销往全球 160 多个国家和地区，出口额达到 5.08 亿美元。

2002 年的杰克，在行业内默默无闻。然而，2002 年对于杰克却是突破性的一年。尽管历经了上一年的退货风波，但销售额仍然突破了 1 亿元，同比增长了近 50%，这得益于国内首款超高速包缝机 JK-777 的推出及其高品质得到了市场的认可。

市场的秘诀在于产品的成功，以及销售体系一步一步建立，逐步壮大，发挥效力越来越强，尤其是杰克的区域经销制度和对经销商利益的保护。市场的选择是理智的。杰克摒弃了传统国营企业坐等客户上门的思维，几个员工在全国各地开发经销商。对于经销商的选择，更偏向于新入行、年轻、敢闯敢拼敢干且对成功和财富充满渴望的经销伙伴。市场上有上百种的产品品牌，经销商选择的时候会综合比较哪家的产品有利润、有保障、可持续，所有的一切都在经销商的眼中。所以，当看到一个朝气蓬勃的新品牌时，市场对于杰克的接受度出乎意料。2002 年，杰克突破了 1 亿元的销售额，这个销售数字并无太大惊喜。如果没有 2001 年的平缝机漏油事件，这个数字的达成会更快。这个时候的杰克已经有行业黑马的影子，只是并不引人注目而已。

1 亿元人民币相较于整个行业的 200 亿元来说，份额仅为 0.5%，自然不会有多少人关注。但对于杰克来讲，这却是杰克历史上的一个关键节点。1995—2002 年，杰克一路披荆斩棘，历经 7 年的努力终于突破了亿元大关，尤其是1999 年后转型工业缝纫机领域，每年都保持超行业平均水平的高速增长。这既是杰克在起步阶段的自我验证和反馈，也是中国纺织产业高速增长的映衬，更是中国缝制设备高速发展的写照。如果说这 1 个亿的增长是一种野蛮生长的过程，也未尝不可，但一个企业从早期的偶然进化到必然，其中既依赖中国改革开放的大背景，也依赖产业发展的大环境。快速进步也有一个基本的条件：没有犯下大的错误，在一个正常的轨道上行驶。

尽管历经波折，但一个企业在创业之初就选择了一条大道去前行，难能可贵。一个人，一个企业，一个国家，选择什么样的道路，就选择了一个什么样的成长公式，输入什么就会反馈什么。

中国要发展、要增长，改革开放是最好的成长公式。在这个公式下，增长只是系数和自我把握节奏快慢的问题，这个节奏由中国人自己掌控，过快的时候收一收，过慢的时候拉一拉，经济的增长也并非一味越快越好。杰克从1999年的"三天三夜会议"开始，要寻求的反馈不再以个人和以家族为基点，而是以一个有理想、有雄心壮志、有追求、有学习路径的"四有企业"为出发点。阮积祥在清华大学的校园里提出"做全球第一的缝纫机企业"的目标。他明白，一个基本的成长公式是：什么样的努力就会有什么样的回报。

彼得·圣吉在《第五项修炼》中提到，共同的愿景非常重要，共同的愿景需要集体觉醒的环境和条件。集体觉醒需要更大的目标和反馈，才能释放出足够的能量。幸运的是，杰克在一个蒸蒸日上的环境中，通过自己的努力，拿到了最直观的反馈，在短短几年的时间里，实现了不容小觑的增长。

杰克选择了一条看起来并不那么快的路，而正是这条看起来不那么快的路，却通过能力生长出实现正道的梦想，生长出一条越走越宽的坦途。

2003

JACK
杰克

2010

第二次关键增长——
隐形冠军奠基之战

2003：学习型组织

从 1999 年到 2000 年，阮积祥走进象牙塔，在清华大学学习了 A 管理模式。学成归来，他计划将 A 管理模式在企业内部推行。现在看来，A 管理模式并非一个复杂、晦涩难懂的企业经营理论，核心观点只有几条：① 受监督的个人负责制；② 企业经营以预算为核心；③ 遵循一个上级的原则；④ 分工明确，职责清晰，遵循既无重叠、又无空白的分工原则。

不过当阮积祥想推行这些理念的时候，发现并不容易。学习到的东西跟中高层无法交流。阮积祥认为不错的东西，在其他管理层眼中得不到认同，甚至根本理解不了。没有共同的语言，没有统一的认知，想要快速推行，统一行动，难如登天。他认识到，光靠他一个人学习不行，想要干一番事业，必须大家一起学习，有共同的认识。

2001 年，香港三联书店引进了《第五项修炼》的版权，并出版了《第五项修炼》导读，然后在 2002 年到 2005 年间，先后出版了多个版本的《第五项修炼》。《第五项修炼》一经出版就获得了极大的关注，先是在中国香港成为畅销书，后来又快速在内地热卖。很快，这本书映入了阮积祥的眼帘。阮积祥读过之后如获至宝，因为书中提到的五项修炼几乎都戳中了阮积祥在企业经营管理上的痛点，可谓招招具有针对性。

阮积祥先读的是《第五项修炼》导读。他是在去香港的一次飞行途中阅读的。在机场书店买来后从候机时开始读，到飞机落地的时候阮积祥已经把这本导读看完了。

为什么对《第五项修炼》如此情有独钟？说到底还是彼得·圣吉的组织学习理论让阮积祥看到了企业如何突破学习障碍的可能。《第五项修炼》中提到的几条症状，阮积祥无一例外都遇到了。

第一，思考的局限性。普通员工只知道干自己的工作，不能大范围理解团队或企业的目标是什么，因为组织功能被切割分工，增加了组织学习的障碍。

第二，归罪于外。这种情况每天都在一些公司上演。销售部门怪生产制造部门，生产制造部门怪采购部门，采购部门怪研发部门……各部门间互相推诿。

第三，缺乏积极主动的整体思考。思考缺乏前瞻性和主动性。温水煮青蛙的现象随时都在发生，缓慢的致命威胁往往被视而不见，企业关注不到细微的变化。

第四，管理团队的迷思。内耗，争权夺利，佯装包裹成表面的团结和谐，为了避免失去颜面、打破惯性局面，每个人都假装为一个共同目标而努力。

这些问题其他企业有，杰克也有。创业初期，跟着三兄弟的大部分是下陈的同乡或街坊，多数都只有小学、初中文化水平，有些还一字不识。三兄弟中学历最高的是大哥阮福德，高中毕业。领导层如此，其他人员更是如此。清华大学学来的A管理模式，想要在这样一个群体中很好地推广开来，并发挥它的作用，确实有点难度。

在杰克这样一个复杂的人员组成结构中，想要达成高度的共识，想要让大家协同合作，没有一蹴而就的办法，只有通过集体的学习。阮积祥说："那时候我深感本领危机和知识透支的问题严重性，必须学习。不学习企业就无法生存，更不要说发展。"

在之后的管理实践中，阮积祥总结了杰克成长与学习之间的关系："善于学习是杰克经营好企业的最佳方式。杰克能够保持持续快速发展，就是本着'古为今用、洋为中用'的学习思维，不断地向世界上优秀的企业学习，积极地吸收国内外优秀企业的一切有益的东西，为我所用。杰克要想与国际一流企业接轨，还有很长的一段路要走。杰克人只有站在巨人的肩膀上不断学习，才能少走弯路。"

1999 年，阮积祥在企业内刊《飞球天地》上提出了学习型组织建设的要求，之后又提出"提高企业学习力"的理念，决心把杰克打造成一个"以绩效为导向的学习型企业"。很快，在杰克内部就发起建立一个学习型企业的行动，并由人力资源部和企业文化部共同负责，联合制定如何创建学习型组织的策略和实施步骤。

阮福德和阮美玲是继阮积祥之后，杰克第一批被送出去学习的人员。

2001 年，阮积祥让阮美玲和大哥阮福德一起到宁波健峰学院参加 MBA 学习，为期两年。去了之后，阮美玲才发现参加学习的绝大多数都是企业老板，少数是企业高管，只有她是资历最浅的。后来，在跟健峰学院的总经理叶玉娇闲聊时，还发现了一个有趣的误会。原来叶玉娇一直认为阮美玲跟阮福德他们是兄妹关系，因为那时学校招 MBA 学员必须是高中以上学历，而阮美玲只有初中学历，不符合条件，是阮积祥好说歹说，别人学费 8 万元，而阮美玲是多付了 8000 元权当补一下高中课程才进去的。加上又是同姓，叶玉娇当时间都没问就认定他们是一家人。知道实情后，大家都很惊讶。叶玉娇觉得阮积祥是一个有大格局的人，也一定是一个干大事的人。阮美玲知道后更是感动不已。

很快，高管一个个都被送去参加培训学习，达到能力的就参加 MBA 学习。三兄弟虽然学历都不高，但都凭自己的能力获得了 MBA 或 EMBA 的学习经历。

2004 年的时候，阮积祥带领 50 余名中高层管理干部，组团到大连参观、学习 6S 管理法的样板工厂——大连三洋，一周的时间就花费了几十万元。这样做，不禁让人发出疑问，值得吗？

如果是一两个人的学习，意义不大。公司的所有管理人员共处一个场景，共同参观一个企业，共同聚焦一种理念，达成一种共识，得到一种共同的启示，并且不用再怎么动员，就能主动改善自己，影响自己的下属，得到的回报有多大，这是没办法衡量的。

在杰克，参加培训、外出学习也有一条不成文的规定，那就是回来后要给其他人"转训"。所谓转训，就是要把自己学到的内容以讲课的方式传导给下属和其他同事，转训的内容比例不低于所学课程的 30%。转训的另外一个隐性意义是，管理层要带着目标去学习，学成归来后要把内容传导给自己的下属，没有内心的认同断然无法达到转训的目的。所以，转训本身能够帮助管理层达成共识和愿景。

2002 年清华大学学习结束，阮积祥开始申请中欧商学院的 EMBA。报完名，学院招生办的人就给他打电话，说学院只招收本科以上学历的，他的学历不够，没办法入学。那时候，阮积祥只有一本初中毕业证，谈不上学历不学历的，后来他自考了浙江工业大学的专科，这也算不上学历。阮积祥就跟对方说，他有一个自考的专科，后来又到清华大学读了两年的职业培训班，这两个合到一块，能不能算一个本科学历？招生办的人哭笑不得，商量之后，看他这么诚恳地追求进步，就同意他参加考试。

中欧的录取是先考试，后面试。阮积祥笔试成绩突出，于是入围面试。面试他只用了 5 分钟就结束了，面试官给他的评语是："你搞管理，思想境界，包括企业文化理解都不错。"阮积祥成了台州第一个进入全球顶尖商学院学习

EMBA 的企业家，并在两年后穿上了硕士服顺利毕业。

中欧毕业后，阮积祥又去了北大研读国学，从此开始把国学最核心的孝文化引入杰克，一直践行。孝文化也成了杰克的团队精神、品德思想最核心的源泉。正所谓，修身齐家治国平天下。没有孝悌，哪有团队意识？百善孝为先，孝为德之本。没有孝心，也就没有以孝治企的核心理念。以孝治企的思想就此在杰克的文化体系中不断完善和升华。

杰克把公司大量人员送出去培训，总有人问：杰克这样培训员工，不怕这些员工跳槽吗？阮积祥却说："培训是一种永不折旧的投资，所有的员工都是如此，越培训越不会跳槽。"因为能力生长在员工身上，你不培训他岂不是更容易走？员工能力提升了，企业的能力自然提升了。如果所有企业都有这种对待培训的心态，那就算跳槽离开了，也是为社会培养了人才，这不就形成了一个良性的运转机制吗？

2003：制度第一，总经理第二

阮积祥是总经理，阮福德和阮积明都是副总经理。2003 年 12 月，阮积祥计划把总经理的位子让给他在清华大学读书期间从中国农业大学引进的大学生、进公司工作才 3 年的郭卫星，这个时候郭卫星只有 28 岁。

这样的想法，让所有人大吃一惊，阮福德和阮积明也不敢相信。阮积祥要让出总经理的位子，还要求大哥、二哥将副总经理的位子也让出来，由年轻人接替。

郭卫星和谢云娇（毕业于北京科技大学，现任杰克股份副董事长、副总裁兼董事会秘书）都是从北京远赴台州一起加入杰克的。刚到公司，郭卫星被分配到技术部当一名技术员，谢云娇到财务部做会计。没过多久，郭卫星和谢云娇都主动要求下车间，当一名一线工人。大学生下车间，让所有人都觉得很是稀奇。郭卫星在精工车间做了 11 个月，在车间一线总共干了 1 年多。所有人都在干一样的活，时间久了，没觉得大学生跟自己也有什么区别。郭卫星心里憋着一股不服输的劲儿，心里想："怎么才能跟别人做得不一样，既然你有学问，总应该做点别人做不了的事情。"

当时的一个多转轴，是一个动力轴，动力分化出来到多个动力轴杆上。本来这个轴应该由公司的加工中心设计，但因为设计不了，所以一直是拿到外边去设计的。经过郭卫星的钻研，公司内部就解决了这个问题。这件事让滕书昌看到了郭卫星的潜力，毕竟是机械制造科班出身。从此之后，每当有什么不太好做的零件，滕书昌就跟身边人说："你去把那个小郭叫过来试试。"没过多久，郭卫星就从车间调离出来，到技术部给滕书昌当助理。那时候当助理就可以享受正科级待遇。

郭卫星跟着滕书昌来到山东烟台一家机械加工合作厂商，有一个夹具需要设计，但设计部门反复琢磨，还是没有设计出来。郭卫星再次将夹具设计出来了。除了夹具之外，加工中心的操作大家都搞不定，郭卫星买了一本书，对照着去操作，最后把这个加工中心也搞定了。滕书昌这下兴奋了，他打电话给阮积祥说："小郭这个小伙还是能做些事情的。"

2001年年末，公司开管理干部年会，阮积祥点名让郭卫星发言。会上，郭卫星直截了当地说："虽然我们是刚毕业的大学生，经验不足，或者存在很多问题，但是我们好学，愿意做一些事情，希望公司能够给予更多的机会和信任。"年会后，郭卫星被提拔为质量部经理。后来，因为计件工资的问题，车间里有一部分员工闹罢工。当时，所有人都为此事着急。阮积祥找到郭卫星，问他这件事打算怎么处理。郭卫星说，这件事先交给他处理，如果处理不了，再找他人。结果第二天这个事情就平息了，员工都正常上班了。

2003年底的一天晚上，郭卫星吃过晚饭，在工厂门口的杰克桥上散步。阮积祥看到郭卫星，就停下车走到郭卫星身边，说："卫星，有一件事我想交给你，你敢不敢干？"阮积祥说的这件事就是他要把总经理的位置让给郭卫星。这件事阮积祥已经和大哥、二哥商量过，跟公司的高层管理人员也不止一次提过，不过大家都以为他只是说说。

实际上，他想把总经理让位给郭卫星正是实施公司"制度第一，总经理第二"这个管理理念的一个直观体现。

阮积祥非常重视员工的自我学习和成长，所有机会都让员工自己去争取。

同时，他希望员工要有自信，要敢干敢担。当时公司一直流传着阮积祥要把总经理的位子让贤给包括郭卫星在内的4名备选人员的说法，郭卫星一向心气很高，当阮积祥找他这么一说，自然兴奋不已，满口应承："敢干，保证能干好。"

就这样，郭卫星正式出任公司总经理，与此同时公布的还有"制度第一，总经理第二"的配套政策。

2004：二次创业

2004 年，杰克的销售额达到了 1.48 亿元。与前几年 50% 以上年增长速度相比，尽管还在快速增长，但增长速度明显慢了不少。说到底，这个时候的杰克还只是行业里的一家小企业。

1994 年，上工股份改制上市，成为该行业第一家上市公司。2000 年，西安标准上市。台州缝纫机企业中捷在 2004 年 7 月登陆深交所中小企业板块，成为缝纫机行业第三家上市公司。2002 年，杰克就提出了加快现代化的步伐、争取早日上市的计划。然而，自 2002 年以来，这一过程似乎并没有那么顺利。

中国加入 WTO 后，随着零部件的高度标准化，越来越多的中小企业开始进入缝纫机行业。缝纫机行业井喷式发展的背后是较低的进入门槛、集中度和高度的同质化。然而，这也导致后来者一拥而上，大量同质化产品对杰克刚刚占据的渠道和市场造成了冲击。杰克的快速发展得益于行业机会的把握，也更多得益于能力的提升。杰克意识到，企业的发展存在行业周期，大约 5 年会遇到瓶颈期。只有越过这个瓶颈期，企业才能进入下一个发展周期，否则，企业可能会萎缩，甚至倒闭。在行业竞争加剧后，尽管龙头企业依然势头强劲，但杰克已显颓势，这种差距显而易见。杰克依然是个后生，需要虚心向行业前辈取经。

2004 年前后，中国市场经济正处在由高度竞争进入完全竞争，甚至垄断竞争的过渡阶段。缝纫机市场也是如此。

行业仍在高速增长，杰克虽然保持增长，但增速略有放缓。阮积祥发现，经过近 10 年的磨砺，杰克内部一些人失去了早年的锐气和斗志，大企业病、官僚主义、享乐主义等风气开始出现，在这个时候，阮积祥提出了"二次创业"，推行"65 新长征"活动。

阮积祥意识到，3 年至 5 年内，行业的垄断竞争市场格局就会形成。如果在这一时期无法形成新的突破，竞争只会越来越残酷。因此，阮积祥提出"二次创业"，目标是在 5 年内成为行业前二。

除了缝纫机主业，阮积祥三兄弟实施了"跨产业，不跨制造业"的发展战略。他们的目标是 2008 年缝纫机要进入行业前两名，同时，他们也计划通过 5 年的运作，使新进入的其他产业进入行业前五名。这里提到的其他新进入产业，最早引起人们关注的是杰克在"65 新长征"活动开启之后收购的第一家国有企业——拥有 40 多年历史的江西吉安机床厂。

在阮积祥宣布"二次创业"的目标后，整个杰克内部的各种标识、标语、文化宣传内容都换成了成为行业前二的内容。企业厂区的办公室、车间、食堂、宿舍、楼梯台阶等全都张贴着各种标语。这些目标要让全员知晓，所有人在每天的耳濡目染中都能牢记心中，不仅会背，而且在每次开会的时候，都会为这次的五年目标出谋划策，探讨如何实现。

2004 年 6 月，阮积祥提出，所有的杰克人必须忘掉过去的成绩和辉煌，一切从零开始，开始新的征程。为此，公司精心策划了一场别开生面、规模浩大、为期 5 年的"65 新长征"活动，旨在告诉全体员工：杰克的二次创业已经开始了，在新一轮的创业当中，我们要发扬当年红军二万五千里长征的精神。

"65 新长征"，指的是在 5 年内，选择 5 个当年红军长征走过的最有代表性也最艰难的地方，组织所有中高层管理干部每天行走 65 里路，体验当年

"红军不怕远征难，万水千山只等闲"的乐观精神，不屈不挠、排除万难的英勇精神，修炼自己的心性，激发二次创业的激情，锻造队伍的钢铁精神。同时，在活动中也通过体验老区人民的生活，教育全体管理干部对生活要知足，对事业要永不满足。

"65 新长征"是从江西井冈山、贵州遵义、四川泸定桥、甘肃会宁，再到陕西延安，这 5 个地方每一个都颇有意义。随着活动的深入开展，每一年都吸引了很多经销商、供应商、政府官员、学校师生自发地加入，队伍也从第一年40 多名公司管理人员发展到后面社会各界人士的加盟，达到 200 多人，场面非常壮观。除了重温长征路之外，"65 新长征"活动每到一个地方，杰克都会捐资帮助当地修缮 6 所学校，并为当地学生捐助衣服、书包等相关生活和学习用品；同时，每一个人结对帮扶一个贫困孩子，每年最少拿出 500 元帮助他们完

图 2-9　杰克"65 新长征"路上在泸定县爱心助学

成学业。

"65新长征"是杰克二次创业的一次思想运动,是一次内部"整风运动",目的是通过文化行动的渗透,对公司的经营策略产生积极的影响。

"二次创业"和"65新长征",在一定程度上是同一时期两个相辅相成的运动。"65新长征"是思想层面的洗礼和回炉重造,"二次创业"则是杰克发展在经营层面的体现。作为一个领导者,为企业确立共同的愿景和目标是核心要务。共同的愿景和目标更需要领导者向团队传达,并且凝聚人心,共同为之奋斗。"二次创业"和"65新长征"不仅是文化的传导,也是一种心灵的整合。

图2-10 杰克"65新长征"路上在赤水市爱心助学

2006：让位董事长

2000 年，杰克的第一期厂房刚刚落成，全公司还没有一台计算机，没有一个专门的技术人员，杰克就请到了行业内大名鼎鼎、享受国务院政府特殊津贴的缝纫机专家滕书昌。

滕书昌的到来为杰克的发展起到了至关重要的作用，在他担任杰克技术总监的 4 年间，他为杰克的技术进步、产品研发，以及杰克技术人才队伍的建设立下了汗马功劳。滕书昌从天津带来了 10 多名行业经验丰富的技术人员，他们给产品研发、配件、装配等各个层面都带来了极大的改进，也由此奠定了杰克包缝机产品的行业地位。

滕书昌这样的行业明白人加入杰克，让阮积祥三兄弟看到了找人和招人的区别在哪里。

2001 年到 2003 年，杰克又先后邀请了西安标准股份的总工程师林擎宇加入公司。林擎宇是当时行业内唯一一个教授级的高级工程师和总工程师。为了进一步提升公司的技术质量，杰克还从日本请来了 6 位行业顶尖的国际技术专家。

专业人才的匹配是一个循序渐进的过程，需要长时间的积累和培养，在这个过程中，有一些问题需要借力行业明白人。这些行业明白人是全社会的稀缺资源，毫不夸张地说，他们属于全人类。仅仅通过招聘是无法吸引到这些人才的，例如滕书昌、林擎宇和从日本请来的专家就是如此。

2005 年，有着"国内缝纫机行业职业管理第一人"之称的赵新庆离开了国内最大的缝纫机企业西安标准。由于杰克和西安标准两家公司原本就有合作，因此阮积祥和赵新庆很早就熟识。

赵新庆从西安标准辞职后，阮积祥非常想邀请他加入杰克，不过难以启齿。当时杰克的年营收规模只有 4 亿元。行业内诸多公司都盯着赵新庆。当时的西安标准已经拥有年营收 14 亿元的规模产值，是行业里面规模最大、效益最好的企业。西安标准的团队也因为与日本兄弟公司的合作，拓宽了视野，提升了整体能力。赵新庆则完整地经历了西安标准与日本兄弟公司之间的合作过程。作为行业职业管理第一人，浑身都是宝，他到哪里也就意味着把全套的经验带到哪里。

一天晚上阮积祥接到了赵新庆的电话："我想到杰克去，跟你干吧。"

阮积祥还以为他开玩笑："你瞎说，我这里这么小，怎么容得下你。"话虽这么说，赵新庆却是认真的。阮积祥当然无法掩饰内心的喜悦，这是他梦寐以求的事情。离开国有企业，帮助民营企业发展是赵新庆当时唯一的执念。

2006 年，赵新庆正式加入了杰克，并出任董事长（图 2-11）。他已经在西安标准摸爬滚打了 20 多年，不仅把自己在缝纫机行业几十年的经验带到了杰克，而且带来了一个包括 2 位日本专家在内的 10 余人团队。团队的成员都是研发、生产、品质、装配、车间管理方面的高级人才。在此之前，平缝机一直是杰克所有产品中相对弱势的产品，在赵新庆加入后，产品质量再次得到了提升，杰克平缝机在行业中的地位也不断提高。

赵新庆加入杰克，改变了杰克在生产和管理上的粗放做法。他进行深入具体的规范化管理，要求更细，管理更严。原来的操作全凭工人的熟练度，赵新庆加入之后，制度、标准、流程得到了一一改进，操作流程越来越规范。

图 2-11　2006 年，杰克新任董事长赵新庆

　　赵新庆加入杰克，不仅是职业经理人的成功，也是行业的福音。他在接受媒体采访时表示："台州聚集了大批像杰克这样的优秀缝纫机制造企业，这里有缝纫机行业未来发展的希望。到了我这个阅历，物质利益已经不是最重要的因素，我看重这里巨大的发展潜力与事业根基。可以说，我把这里作为我事业的延续。"

　　赵新庆并非第一个从西安标准到台州谋求发展的行业高人，西安标准是缝纫机行业的"黄埔军校"。在台州，有近百个行业明白人来自西安标准，赵新庆虽然不是第一个，却是最具影响力的那一个。

2008：战略供应链

2008 年，美国次贷危机引发了美国第四大投资银行雷曼兄弟的倒闭，从而引发了全球金融危机。作为装备制造业的一部分，缝制产品是弹性需求产品，在金融危机期间，大部分服装企业减少投资甚至停止投资，这使得 2008 年对缝纫机制造产业而言是个大萧条之年，金融危机对行业的打击直观呈现在产业链上。

早在 2003 年，杰克就提出企业未来的竞争是产业链的竞争，杰克是行业首家召开经销商和供应商会议的企业。从 2008 年开始，杰克率先提出战略供应商和战略经销商的概念。

2008 年，缝纫机零部件企业产销量、利润等大幅下降，很多企业大量裁员。不过在整个金融危机中，杰克表现出了很强的抗挫折能力和反脆弱能力。下跌幅度远远低于行业平均水平。2009 年，随着经济的逐渐复苏，全行业平均销售额再次下跌 20%，杰克反而增长了近 11%。正是因为杰克在 2009 年捕捉到了市场上即将出现的快速反弹趋势，成功地为 2010 年关键之战做好了产业链布局的准备。

杰克凭借多年来的供应链建设，始终保持着超过 10% 的成本优势。市场行情不好的时候，杰克尽力在全球市场招揽订单，不管是定制还是 OEM 代工，只要是不亏钱的业务，有多少杰克就收揽多少，尽量保证产能的饱和。尽管如此，杰克还是出现了比较大的下滑。

与行业其他企业相比，已然显现出了杰克这么多年的基本功积累。因为下滑越多，需要裁掉的产业工人就越多，在未知的市场行情下，裁员看起来容易，待到市场复苏，所带来的迟滞效应影响巨大。杰克在这一年压缩了一部分社会招聘，优先保证产业链的稳定。这里不仅包括杰克自身的工厂产能，更大程度上是供应链上游的产能。

2009 年，当其他企业在资金链已经崩溃或即将崩溃，将继续裁员、削减开支的时候，杰克却从年中就开始筹备 2010 年的大战。

在供应链体系中，杰克于 2008 年在行业内首次提出了战略经销商的概念，随后杰克也建立了战略供应商体系。杰克对"战略"关系的定义是全天候、全方位的，超过一般买卖的合作关系，提倡换位思考，追求双方在互惠互利中的共享。

杰克的不断壮大必然要求其零部件企业也不断加强自身的发展，以此跟上企业的发展速度，这对杰克零部件供应商在质量、成本、管理、技术创新等方面提出了更高的要求。

战略供应商是杰克众多供应商中的优秀代表，是零部件供应商中某个方面的代表，具有鲜明的特色，在行业或区域都具备一定的影响力，又具有较强的竞争力和发展后劲。战略供应商的选拔在供应商年会（图 2-12）上由供应商们不记名投票产生。每届任期一年。

战略供应商和公司结成的战略协作联盟，是最高层的供需关系，具有非常紧密的合作关系，形成"命运共同体"。这些战略供应商们代表广大供应商的利益，积极向公司反映问题，成为连接公司与供应商的重要一环，又作为杰克的供应商样板，在接受杰克指导和发展上起着示范作用。

图 2-12　2008 年，杰克供应商年会

　　杰克通过与广大战略供应商的紧密合作，将整个供应体系的发展目标细化，并将公司的整体发展战略同战略供应链体系紧密结合。杰克每年都会召开多次全体战略供应商会议，针对供应商付款、零件质量、交货管理、产品研发、信息化推广、精益制造等议题，反复讨论，充分协商。战略供应商纷纷献计献策，双方达成很多共识，实现战略联盟，谋求共同发展。每次供应商大会的主题与形式都经过精心设计，会议场地有的放在杰克总部，有的放在酒店，还有的放在优秀供应商企业，这样供应商们能够实地参观考察，了解优秀供应商的先进做法。

　　2009 年年中，杰克动员所有的供应商加紧备货、恢复产能和招聘工人，为即将到来的行业旺季做准备。因为经历了 2008 年的回落，杰克受到的影响并不大，产业链才是制约产能的关键。为此，杰克在这一年不仅能够继续保持每个月按时付款，而且在关键时期还会提前将货款付给供应商。

　　当时宁波的一家供应商金驰机电的总经理徐建富表示，每月 16 日，杰克公司零件款到账的短信通知总会准时响起，让他感受到了与杰克合作这么多年来稳定如初的信赖感。为了帮助供应商，杰克还在这一年拿出 1 亿元人民币的储备金，优先保证供应商能支撑下去，并提前一个月为这些供应商支付货款，为即将到来的大战做好准备。此外在这一年，杰克还出资成功收购了德国的拓卡、奔马两家公司，这一举措，对于杰克战略供应链上的企业信心提振巨大。

　　战略供应链建设和及时支付货款的举措，只是杰克与供应商紧密关系中的具体体现之一。

　　2009 年底，市场反弹的趋势已经非常明显。2010 年春节过后，其他企业在加紧招工，杰克的仓库已经出现了供不应求的状况。到了第一季度末，市场对于缝纫机零配件的需求几乎到了一种疯狂的程度，火爆的市场几乎是一机难求。整个下陈甚至整个台州的缝纫机整机企业、零配件企业都在招工，并且拿着现金去抢配件。杰克的供应商在面对诱惑时，依然优先满足杰克的需求。俗话说，共患难易，同富贵难，然而这种说辞在杰克的战略供应链体系之下改写。能够让供应商们在利益诱惑面前依旧信守合同、兑现承诺的，是杰克对供应商们的信任和不离不弃的态度。

　　强信机械的总经理綦秉信曾在多届战略供应商会议上表示，与杰克合作的最大收获，不是付款及时，而是不断成长。他说："与杰克 20 多年的合作，从精益培训、技术培训到管理培训、战略培训，杰克一直'授之以渔'，带领我们持续学习。现在我们技术领先、质量稳定、交付快速、管理高效，这些都离不开杰克这棵大树的滋养。"

回顾 2008 年、2009 年，在杰克战略供应链的理念下，杰克与供应商在困难中信誉合作，正所谓"诚信可赢天下，守信方得人心"。

2009：收购拓卡、奔马

"兴冲冲来参加婚礼，却发现新郎不是我。"

2009 年 4 月 15 日，阮积祥启程飞往德国百福总部所在地凯泽斯劳滕。此行的目的只有一个，那就是敲下收购德国百福的定锤之音。在此之前的一两年时间里，阮福德、阮积祥、赵新庆几乎每个月都要飞往德国，这一笔收购的洽谈很早就开始了。这次飞往德国之前，杰克与百福的收购已经洽谈得八九不离十，合作意向也已达成，并向当地的银行缴纳了保证金。

然而，与百福达成收购的意向并非一帆风顺。2008 年全球金融危机前，百福已经显出疲态，杰克在了解到百福有被收购的意向后开始接触。通过深入谈判，杰克很快与百福达成收购意向。德国国内的一家企业得知百福即将被中国企业收购后也参与进来，标的很快被抬高。在反复的拉扯中，杰克的管理层下定决心跟投竞标，最终达成了收购意向。

到达德国的第二天，阮积祥突然接到了德国百福方面的通知，收购的签约协议暂停。这是怎么回事？原本喜上眉梢、踌躇满志的阮积祥如同遭到晴天霹雳一般。对方只是告诉他们，签约暂停，但并非终止。

"新郎"到家门口了，"彩礼"都收了，现在却说"新娘"不嫁了。

很快，对方送来解释，因为德国商务部门的原因，收购暂时中止，但从对方的表现来看，想再启动并不容易。事实上，企业之外的因素干扰收购在前期的谈判中已有迹象。2009 年，在吉利与沃尔沃的收购谈判中，沃尔沃所在的地方工会、商业部门对收购提出了很多附加条件，除了要求收到资金外，还要求有一定的流动资金存入银行担保，才能够推进收购进程。

欧洲人对中国企业缺乏信任基础，担心中国收购了这些企业，拿走了技术，拿走了品牌，拿走了市场订单，然后一撤了之，导致机会的丧失。所以，这场收购，尽管由最初600万欧元的标的被抬价到1000万欧元，杰克依然认可了收购谈判。1000万欧元的收购标的，要准备2000万欧元来应对，包括后期的运营、人员安排、市场拓展规划等。

然而，即便如此，收购依然被叫停。最终的审查阻碍是文化的差异及对双方的互信了解不足。当时杰克在世界范围内的知名度并不高，收购德国企业可以说是徒弟收购师傅。

为什么要收购国外的企业呢？这要从人才引入说起。早些年，阮积祥到日本考察，后来引进了多位日本工程师。阮积祥从内心佩服日本人的匠人精神，并在公司内部大力推行工匠精神，希望能从根本上改善缝纫机的工艺技术，培养产业工人。但人才的引进，要克服太多不确定因素，引进日本人才的综合成本远远超过人才价值本身。为此，杰克想走曲线道路，通过先收购日本企业，然后批量引入日本的技术人才，并实行传帮带。

考察的结果是，日本企业拥有一套独特的市场经济机制，其封闭性极强。一系列因素使得中国企业收购日本企业充满挑战。在通过中介机构接触了多家日本企业之后，杰克发现收购难度极高。最终，杰克不得不将眼光转向欧洲，尤其是德国。

2008年的金融危机给杰克带来机会。当时，许多国内企业都在削减产能和出售设备以应对危机。国际企业中被横扫出局的不乏少数，杰克瞄准的百福也遭受危机。百福是众多企业中的优质标的，但最终却被德国一家企业半路截和。当时凯泽斯劳滕市所在的莱茵兰－普法尔茨州面临州长换届选举，凯泽斯劳滕是德国重要的工业城，百福缝纫机在当地有很高的知名度，把百福卖给中国人，政府压力很大，德国政府对民族工业的保护意识迫使德国商务部门的审查无法通过。

杰克出战百福折戟沉沙，功亏一篑。这一次的失败，并没有阻挡杰克人收购的步伐。在行业低谷的时候布局，是杰克多年成长中的一个基本理念。

失之东隅，收之桑榆。

收购德国百福失败后的 3 个月，杰克很快迎来了一笔新的收购，成功并购了德国拓卡和奔马两家知名企业。这次收购也标志着中国缝制设备行业民营企业的海外收购首次成功。

图 2-13　德国奔马公司厂区外景

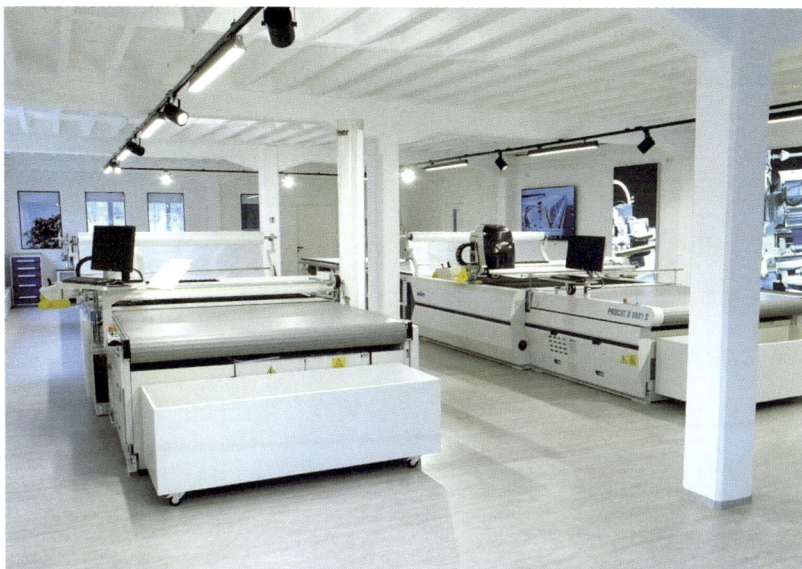

图 2-14　德国奔马产品展厅

图 2-15　2023 年 5 月 18 日，奔马 90 周年庆典在中国举行，重磅发布的超高精度裁床 S80 获得围观

2009 年 7 月 1 日，杰克与德国奔马公司正式宣布达成收购。在这一年，同时起源于台州的民营企业吉利汽车成功收购北欧沃尔沃汽车公司，杰克与吉利成为 2009 年台州的明星企业。铺天盖地的报道，将焦点集中在杰克身上，杰克在行业内声势大起，声名远播国际。在这一年，尽管行业整体还在走下坡路，但杰克在收购后，国际订单源源不断。看起来与市场经营关联不大的收购，却为杰克的市场突破带来了重大转机。

这一次的收购是如何完成的？为什么杰克如此锲而不舍要收购德国企业？

德国奔马，是世界著名高精度自动裁剪设备生产企业，诞生于 1933 年，在裁床行业有着"奔驰"的称誉，主要生产自动裁床、自动铺布机、装布换布机等产品，销售产品也遍布世界 50 多个国家。奔马的产品有高端属性，在航空、豪华汽车、豪华游艇等产业都有应用。国外的帕克兰德、奔驰、保时捷、宝马、空客、欧洲直升机，国内的航空 605、哈尔滨飞机制造厂、西安飞机制造厂、361 度、安踏等都是它的用户。奔马的技术是世界顶尖的，质量也完全秉承德国的高质量制造。从收购角度来看，是标准的优质标的。

并购百福未能成功，因此奔马成了杰克新的收购目标。有了第一次的经历和经验，在下定决心要收购奔马之后，杰克做了大量的调研，并总结了其他企业跨国并购的经验。在请教有经验的企业的同时，杰克首次尝试重金聘请专业的国际咨询机构合作，并在公司内部成立了海外并购小组。

当时的奔马公司已经破产，因为金融危机，行业需求量下滑，销量急剧下降。奔马原来的股东对企业的主营业务无心投入，公司原本有不错的经营利润，然而每年企业的利润都被全部分掉，并且还要加收 8% 的营收作为管理费用。这对于危机中的企业来说就是压死骆驼的最后一根稻草。此外，德国企业与中国的缝制设备企业有所不同，中国缝制设备企业将供应链专业化，分工操作，降低生产成本。而德国企业恰恰相反，他们追求小而全的模式，几乎所有产品都需要自己研发自己生产，一个小零件也不例外，所以奔马90%的采购都在当地进行，国际化水平非常低，由于成本居高不下，企业盈利能力差，最终只能以破产了之。

杰克收购奔马的决心已定，但有了第一次的经验教训，这次杰克并没有贸然像上次一样，在对方抬价时只能跟随，而是从容应对。

首先是企业员工的安置问题。由于德国实行的是终身雇佣制，奔马原本有130多名员工，经杰克评估后认为前期最多只能保留100名员工，主要是研发、营销、财务及核心生产人员。于是，这就陷入了谈判的僵局。德国的企业工会要求的首要条件即保证员工不流失。为此，杰克与工会反复拉锯，并通过奔马一位意大利籍的工会主席从中调解，承诺在企业运转良好后无条件优先回聘原来的员工。最终，双方达成了谅解。

另外一个障碍是，杰克需要再次面对德国政府的审查。当杰克要收购德国企业的事件上报到中国商务部时，得到商务部领导的大力支持，并开启了绿色通道，快速审批通过。然而，德国政府的审查依然麻烦，尤其是制造企业。为此，杰克与本次收购的一个竞争对手——与奔马公司关系颇为密切的软件企业拓卡公司，从竞争变为合作。这家公司的老板 Anton Stahl 原为奔马公司的总经理，五年前离开奔马专门从事软件开发，配套奔马的相关产品。杰克先注资收购拓卡，再通过拓卡收购奔马。通过曲线迂回的方式收购奔马公司，绕开了很多障碍。这样一来，竞争对手变成了合作伙伴，同时 Anton Stahl 对奔马非常了解，大大降低了杰克收购整合的风险。最终，杰克以4500万元人民币非承债的方式成功收购拓卡和奔马两家公司。收购之后，奔马当月便全面恢复了生产经营，11月开始满负荷生产，12月开始扩大产能，第二年实现了盈利，原来离开的员工也逐渐回归。

拓卡奔马收购的成功为杰克带来了巨大的收益，最直接的体现就是 2009 年、2010 年、2011 年三年的高速增长，其次是杰克在世界缝纫机产业中的地位的提升。并购也由此成为杰克出海并推行国际化、全球化的一个重大战略。

2010：第二次关键增长

自第一次工业革命在英国爆发以来，生产效率不断提高。1825年，英国经历了历史上的首次生产过剩。到了20世纪30年代，美国再次爆发生产过剩危机。那时，人类对于各种物质生产的需求已经不像封建时代那样不时陷入窘境。进入到全球化时代，经济危机大约每10年出现一次，其根本原因就是生产过剩及区域不均衡造成的动荡。

缝纫机产业从欧美国家开始发展，随后转移到日本、韩国，随着中国的崛起，该产业又快速转移到中国。2001年至2008年是中国缝纫机产业发展历程中的黄金时期。然而，2008年的经济危机也成了缝纫机行业的分水岭，使缝纫机产业真正进入充分竞争的时代。2009年标志着这一竞争的开始。

兵马未动，粮草先行。在人类的历史长河中，尤其是进入现代社会，几乎所有的战争都是依赖于钱粮及后勤补给。商业战场历来也是如此。除了杰克之外，其他缝纫机企业在2008年金融危机后的第一波增长直到2010年第一季度末才有切身感受，而杰克的增长在2009年的下半年已然提前到来。

2008年的全球金融危机导致产业萧条，但实际上在中国4万亿元人民币投资刺激下，似乎对中国的经济增长没有太大的影响，不过对制造产业影响还是非常大。一个有趣的经济现象是，对老百姓能够直观感受和接触到的产业，经济危机所带来的影响表面上看起来非常小，但实际的影响可能会非常大，对支撑这些产业发展的延伸产业链的影响更明显。消费者可能会发现近期食品的价格略有上涨或下降，但对食品工厂内部的惊人波澜却往往看不到，对支撑食品产业的食品机械的连锁反应更看不到，而这些支撑产业的经营变化非常大。同样，人们难以察觉服装消费市场的周期变化，但服装机械的跌宕起伏却非常明显，3C电子消费市场也是如此。市场萧条时产业工厂的感受尤为深刻，稍有变化就立马反馈到经营数据上，导致企业的停工潮、倒闭潮此起彼伏。

2008年1月1日，新颁布的《中华人民共和国劳动合同法》（简称《劳动合同法》）生效。《劳动合同法》生效带来许多改变，一个制造大国产业工人的工资不仅大幅度提高，制造工厂在每位员工身上要投入的福利也大幅度提高。

2010年春节前，杰克就已经开始为产能做准备，进行招工布局。《劳动合同法》实施后，工厂面临的最直观的改变是产业工人越来越难招了。产业链上游的供应商更是如此，杰克很早就开始动员供应商招工、备料。许多供应链相关的企业都通过发动身边的亲朋好友来满足即将到来的生产高潮。

杰克很早就制定和出台了一系列人性化的招工举措：发动全体员工"老乡带老乡"，凡是成功介绍新工人加入公司的，公司都给予一定奖励；新工人如果按时报到，公司会报销其路费，即使是试用不合格，路费也会报销；新工人入职第一个月，公司免费提供住宿，并给每人提供餐费补贴。这些措施一经推出，员工纷纷响应。当时杰克零件制造中心的两名员工，一下子就带来了70多名老乡。这两名员工说："我们身在杰克，杰克待我们好，我们说话，老乡相信。"

更重要的是，杰克在文化感召和学习培训方面的投入，以及对时机的提前预判，都为它赢得了先机。对于文化的感召，阮福德更有发言权："最重要的是说到做到，不开空头支票。"所有的一切都是长时间积累的变化，无论是对供应商、经销商还是员工，杰克有一条基本的原则，就是杰克企业精神中体现出来的"以和为贵，诚信经营"。有些企业招工难，原因固然很多，但政策措施的不到位和招工方法的不妥当无疑是其中的重要原因。

如果说要应对一场大战，需要天时、地利、人和，那么供应商、经销商和提早招募足够的产业工人就是地利和人和。当一切都准备到位的时候，那么只待时机一到，未战而先胜的局面基本已经敲定。

2010 年，消费者并未明显感受到市场的复苏。作为重要的支撑产业，市场复苏的速度让整个缝纫机行业都措手不及。加上 2009 年 7 月，杰克收购了德国拓卡、奔马两家公司，所带来的行业信心及荣誉加持，让杰克一整年都在紧张忙碌地应对高涨的市场需求。

2007 年，杰克的营收突破了 5.7 亿元，到 2009 年杰克的营收下滑到 4.3 亿元。2010 年，杰克几乎是以惊人的速度一举突破了 10 亿元，与 2009 年相比，一举实现了 141% 的增长，这距离 2002 年不过 8 年的时间。

2003 年，中国缝纫机协会的年会在杰克召开，当时 34 岁的阮积祥在大会上说要在 5 年之内达成行业前二的增长目标。协会的理事长田民裕坐在台下，对这个后生竖起了大拇指。5 年时间过去了，碰到了 2008 年的金融危机，行业前二虽然未能达成，但在 2010 年，杰克一跃突破 10 亿元的销售额，这让谁也未曾料到。一场危机让杰克成为了国内缝纫机行业的隐形冠军。

2010 年，是杰克第二次关键增长年。同时，这一年杰克营收突破 10 亿元，成为中国缝纫机行业的一个转折点。中国缝纫机行业的竞争进入一个新的阶段，历经了跟随式生产、营销驱动，开始进入研发创新驱动阶段。

2011

JACK 杰克

2018

第三次关键增长——
全球巅峰之战

2011：区域市场格局

战略产业链的一端连着供应商，另外一端则连着经销商。

在 2010 年的缝纫机市场之战中，对于供应商来说，关键在于提前招聘足够的产业工人，提前准备原材料及充足的资金。然而，台州不少缝纫机企业在一季度出现了前所未有的怪现象：配件企业无法购买到毛坯，整机企业无法购买到零配件，经销商无法拿到整机。

在一季度，杰克的缝纫机生产线一直满负荷运行，实现了 2.3 亿元产值（不包括收购德国部分），同比增长 153%。由于受厂房限制，公司甚至拒绝了近四分之一的订单。

经销商是杰克更早布局和谋划的环节。杰克会在每年的经销商年会中组织广大经销商进行民主投票，推选出一批销售业绩优秀、对行业有深刻见解、反馈问题准确及时的代表作为本年度的战略经销商。战略经销商，重要的是与公司保持高度一致，能够跟随公司的步伐，在公司的战略牵引下指哪打哪，并与杰克一样有远大的愿景，形成充分的共识。因此，杰克自 2001 年召开经销商会议之后，年复一年，从不中断，目的是统一思想、统一目标。

杰克给经销商的利益诉求不仅仅是利益最大化，在招募经销商的时候杰克就提出了要求，经销商要年轻化，有事业心，有开拓精神，对财富有足够的欲望。所以，杰克并没有沿用传统缝纫机企业的经销商招募思路，其许多经销商都是缝纫机的修理人员，即使没有资金也没关系，因为杰克有一套扶持的策略。

2010 年，杰克在经销商年会上提出了"打造行业第一产业链"的口号，勉励经销商要目光高远，规范企业经营，消除小富即安的思想，与杰克一起不断创新发展。

李新志于 1995 年开始代理杰克，是杰克经销战队的元老之一，多年来一直深耕商丘市场，在这个地级市从几十万元起步，一直做到了三四千万元。在其子李亚鹏接班后，作为"缝二代"的优秀代表，更是将市占率做到了 60%，在当地享有非常高的知名度。

陈耀南于 1988 年进入缝制设备行业，2000 年开始代理杰克，他带领的广州江南兄弟缝纫设备有限公司，如今已成为业内"天花板"级别的经销商代表。2016 年至 2023 年，广州江南兄弟缝纫设备有限公司连续 8 年摘得杰克全国经销商销售的桂冠，从 4000 多万元做到了 2 亿元。陈耀南带领的广州杰克经销团队的高速增长正跟随杰克的增长节奏。

很早之前，杰克就对经销商有一个指标要求，那就是杰克的重要经销商要有区域市场格局，要在区域市场里保持绝对领先的市场份额。

只要保持领先的区域市场占比，当一波增长行情到来时，经销商就能抓住机会。无论是在广州这个各大品牌竞争激烈、诸侯混战的大市场，还是在商丘这样的小市场，杰克的经销商都是区域市场格局的坚定守护者，不管市场行情如何，保持市场第一的份额成了一个基本目标。正是由于杰克构建了一套与经销商共发展的体系，并吸引了一些年轻、有事业追求、认同杰克远大愿景的经销商团队，才塑造了大战来临的即战力。

2012—2014：差异化竞争，品牌的重塑

迈克尔·波特指出：所谓的竞争战略就是创造差异性。换句话说，就是有目的地选择一整套不同的运营活动来创造一种独特的价值组合。在《竞争战略》一书中，总成本领先战略、差异化战略、聚焦专一化战略被称为三种最成功的战略类型。在杰克的发展过程中，几乎都是在遵循着这三种不同的战略类型。

聚焦和专注是一个隐形冠军企业最核心的特质之一。在聚焦和专注这条道路上，杰克走过弯路，也付出过代价。当时阮积祥提出"二次创业"，在2003年底到2006年之间先后实施了"跨产业，不跨制造业"的发展战略，同时开始探索多元化发展的可能性。在当时的董事会上，董事会成员之间有分歧，不过最终回归本业，专注缝纫机主业的发展。2010年的一波高峰行情也证明了专一化的价值所在，杰克决战于无形之中，一跃登顶。

此外还有总成本领先战略。阮福德、阮积明、阮积祥三兄弟从创业之初就分工明确，阮积明分管杰克的供应链模块。

阮积明从1995年开始，专注于供应链体系构建。十几年的时间，阮积明为杰克构建起了一套独特的产业供应链体系。杰克多年来也都保持着行业10%以上的总成本领先优势。特别是在2010年之后，杰克更是带着台州的缝纫机供应产业链集体向前迈进，越来越多的外资缝纫机企业开始将生产基地转移到浙江一带。总成本领先意味着在市场上具有更强的议价能力，这也就意味着同样品质的产品可以为经销商创造更大的利润空间，意味着更强的市场销售驱动

力。聚焦和专注在某种程度上与总成本领先密不可分。

差异化战略并不需要独辟蹊径，能够专注于一个行业，不盲目跟风，就可以实现差异化。差异化的根本是保持企业独特的竞争力，确保企业在越来越激烈的市场竞争中更好地生存下去。在缝纫机这个行业，每4—5年为一个行业周期，踏错一个周期的节奏可能就是灭顶之灾。这些年一路走来，杰克是整个行业里进步最为稳健的企业，但也无时无刻不有一种如履薄冰的感觉。

杰克从2012年启动了定位战略，通过更进一步的聚焦开启了新一轮的差异化策略，重塑杰克的品牌。

2010年，成为缝纫机行业的隐形冠军后，杰克在并购整合带来的品牌效应、技术效应和营销网络效应的加持下，快速整合和拓展海内外营销网络，从亚洲市场，开拓到欧、美、非等全球市场。

杰克的问题也非常突出。尽管它一直聚焦在主航道上，但缝纫机这个航道依然很宽，难免让杰克再次迷失方向。因为要满足不同层级的客户需求，可销售的产品型号一度达到了2000多种，这使得资源分散，发力迟缓，管理成本不断攀升，在客户界面也无法形成有效的认知，各种疲态尽显。

针对全球的客户需求，杰克内部也未完全思考清楚，没有清晰的长远规划。内部一直坚持双品牌战略，杰克、布鲁斯两个品牌并行，产品线飞速增加到15个品类、2000多个型号，追求对不同层次的用户需求全覆盖。此外，杰克建立德国研发中心，整合德国技术以加强技术创新。然而，这种双品牌运作的策略让杰克内部头疼不已。日益增长的管理成本和资源的过于分散反而使杰克在各级市场的竞争中都出现了"疲态"，很快便出现了成长瓶颈。

三年快速增长后，2012年，杰克的收入出现了严重下滑，其年营收同比下降达23%。杰克再次陷入了成长陷阱。然而，这一次的成长陷阱和之前的不同，归根到底是没有清晰窥察市场的需求而导致的。

2009 年阿里巴巴首次开启了"双十一"购物节，到了 2010 年 11 月 11 日，阿里双十一购物节在一天内的销售额就突破了 9.36 亿元。随后的几年，这一数字持续增长：2011 年突破 33.6 亿元，2012 年突破 132 亿元。这一销售数据还在以可预判的趋势快速攀升，标志着国内电子商务进入了爆发式增长阶段。人们的"衣食住行"等生活消费渠道越来越多地搬到了线上。2011—2014 年，国内服装网购市场规模年复合增长率达到了 44.60%。电子商务的发展为中小型服装企业提供了广阔的发展平台。据统计，淘宝、天猫等平台上有 30%—40% 的营业额都是由中小型服装企业贡献的。

电子商务的快速发展，让杰克预感到服装行业的转折点即将到来。杰克认为是时候对目标客户进行重新定位了。于是在 2012 年，杰克邀请里斯作为外脑咨询公司，将里斯战略定位引入到杰克的经营当中。经过系统的分析，杰克从市场和机会的角度进行研究，并得出了以下结论：中小服装生产企业具有崛起的趋势，它们有望成为未来缝纫机市场的主要客户群体。

为什么？

2008 年《中华人民共和国劳动合同法》的实施使国内工人的工资水平大幅上调，用工成本攀升。广东、福建等地方是国内服装产业的主要聚集地，这些地方的服装工厂最先感受到了招工困难。因此，2008 年前后，大量的大型服装工厂搬迁到越南、孟加拉国、印度尼西亚等东南亚国家，因为这些地方的用工成本甚至只有中国的五分之一。随着国内的产业升级，国内对服装产业的招商引资力度也在降低，外资企业"三免两减半"的招商政策并没有继续，相反东南亚地区的招商引资力度开始加大。大型的服装工厂进行产业转移是大势所趋。在国内，由于 2008 年国家投入了 4 万亿元人民币的经济刺激措施，国家的经济得到了反弹，收入水平明显提升，这使得个性化消费取代传统标准服饰消费的趋势非常明显。此外，智能手机的普及也带动了电商的崛起，为个性化消费提供了得天独厚的条件。电商背后的逻辑就是"小单快反"，30—50人规模的服装厂成为市场的主流。

2012年的"双十一"刚过去，杰克就和里斯战略定位咨询公司签署了合作协议，并开始着手实施战略定位。不过当时的大多数企业对"定位"的理解还停留在品牌传播层面，而杰克对这次合作的期望则是瞄准公司战略目标，在主航道里更加聚焦。在里斯公司的专业指导下，杰克从客户、品类、品牌和品牌特性四个方面明晰定位，将中小型服装企业确定为未来重点争取的核心客户群。

不过这一定位策略一经提出，遭到了董事长赵新庆的明确反对。

在最早接触里斯定位课程时，赵新庆就与时任总经理郭卫星有不同的看法。郭卫星非常认同里斯的定位理念，希望通过这一理念提升杰克的品牌形象，帮助杰克突围。赵新庆则认为，这种聚焦策略有很大的问题，那就是放弃了中大型客户，中大型客户是最理想的高端客户，这一部分客户在很长一段时间里被国外企业霸占。无论是国内还是国外，中大型客户是高端品牌的必争对象。赵新庆认为，即便这是一条需要长时间修炼的向上攀登之路，也不能舍弃，因为杰克这么多年的发展，并非没有拓展大客户的能力，只是大客户的市场份额低于一些国外企业。随着德国企业被中资企业收购，逐渐退出市场，杰克的拓卡奔马也面临向大客户拓展的迫切性。

聚焦中小客户的市场策略，随之带来了两个更明确的应对策略。那就是聚焦某一个价格带的产品，这个价格区间为每台缝纫机2600—2800元。

在提出定位理念之前，杰克的想法是：要做行业领导者，就要覆盖全系列的产品。在 2009 年杰克收购了德国两家知名企业拓卡和奔马之后，杰克很骄傲地宣称自己成为"全球唯一一家集缝前和缝中为一体的成套缝制设备制造商"。相应地，杰克当时也打造了三个分别定位高端、中端和低端的品牌。

问题是，杰克并未从这样的全线铺开中受益。市场的现状是，价格超过3000 元 / 台的机型主要被日本品牌占据，而更多的国内第二、第三梯队的品牌，其价格多在 2500 元 / 台之下，2800 元 / 台的缝纫机产品是一个差异化的价格带，这是杰克未来的机会点。为此杰克在这个价格带发力，开发重点产品。

放弃高端客户和已经展开运营的各类品牌产品，聚焦再聚焦核心业务，对于任何一家企业都非易事。当时，杰克内部有一个统一的认识：要推进聚焦战略，首先要清除思想上的障碍。杰克向来有变革的传统，并不缺乏执行力。尽管董事长赵新庆等部分人反对放弃高端客户，但他们最终保留了个人意见，让步于公司的发展。

2013 年上半年，阮积祥和郭卫星在全球范围内频繁出差，他们与董事会、内部高层和国内外的主要经销商、供应商召开了至少三十场战略说明会，开会的方式就是培训、沟通、辩论甚至发生争吵。其间，有一些大型的经销商以拒签合同的强硬方式表示抗议，也有公司内部的营销总监因为不认同这种做法，差点选择离职。

为此，杰克特地找了一个山庄，召集公司内部 50 多位中高层管理人员开会。会议期间，大家关掉手机，专门讨论定位聚焦问题。每提出一个问题，如果哪里有不认同，就反复沟通。三天之后，虽然表面上大家都接受了这个方向，但实际上仍有很多人心存疑虑。对此，管理层深知，这并非一两次讨论就能让大家完全理解或认同的，而是需要每个人不断学习，需要实践来论证。

实践的结果怎样？

2013 年行业销售额平均增长 15%，杰克的增长则达到 50%，其国内销售额增长超过 110%，且定位试点区域增长 150%—200%。对于这样的数据，杰克全体管理人员都认同定位战略已经开始发力。这些数据似乎也向经销商们传输了一个最具说服力的结果，即杰克的品牌重塑初见成效。

2013—2015：划时代的迅利 IIE 和 A4

缝纫机作为一种有着超过两百年历史的工业产品，从最初的家用缝纫机发展到工业用缝纫机，尽管科技不断进步，传统动力机器也更新为电脑机，但缝纫机在结构上的创新并不多。以日本为例，其缝纫机创新主要集中在工艺改进上，而功能创新相对滞后，这并没有为缝纫机带来广阔的发展空间。

中国缝纫机的发展在早期也多是跟随策略，在模仿德国、意大利、中国台湾、日本等的机器中进行一些改进和创新，杰克早期的发展也经历了这个阶段。厚积薄发，持续投入，量变终于带来质变，2010 年后，研发成为杰克及诸多国产缝纫机发展的核心驱动力量。

在杰克的总部展厅，设有一个缝纫机博物馆。这个博物馆不仅是浙江省工业旅游示范基地，也是台州装备制造产业对外展示的重要窗口。每天都有大量的游客前来参观。博物馆的中心位置放着一台造型特殊的缝纫机，机身全黑，机头纤巧，这是整个博物馆的"镇馆之宝"——世界上第一台缝纫机（图 2-16）。这台缝纫机历经 200 多年，从 1790 年至今依然保存完好，它是世界上第一款先打洞、后穿线的单线链式线迹手摇缝纫机。

这台历史悠久且价值不菲的缝纫机是由杰克的一位供应商捐赠的，至于它在这 200 多年经历了多少家庭和主人，就不得而知了。除此之外，展厅内还有一台德国柏林古董脚踏缝纫机，这台缝纫机是阮积祥从德国坐飞机一路"背"

回来的。这台机器不仅完整地保留了底座和脚踏板，还保存了 100 多年前的说明书、台脚、针板、螺母等配件。更为特别的是，它的台板架是木头材质的，保存到今天仍然没有腐朽，可见其做工的精致度。

图 2-16　世界上第一台缝纫机

缝纫机博物馆的展厅内展出了将近 300 台缝纫机。沿着时间的脉络观察，你会发现缝纫机的技术发展，以及产业的转移轨迹（图 2-17）。缝纫机最初从欧洲的德国、英国、意大利传入美国，并逐渐发展壮大，到了 20 世纪 50—80 年代，缝纫机在日本、韩国、中国台湾等再次发生了迁移，之后开始进入中国大陆，并最终在中国形成了完备的产业链，从最上游的零配件到产品的组装，通过中国进入到全球市场，而中国本身也是全球最大的服装输出市场。从产业转移的趋势来看，中国将在很长时期内对缝纫机产业链进行进一步升级，最终完成蜕变。

在这近 300 台缝纫机（图 2-18）中挑选一款作为代表的话，那么展厅中的

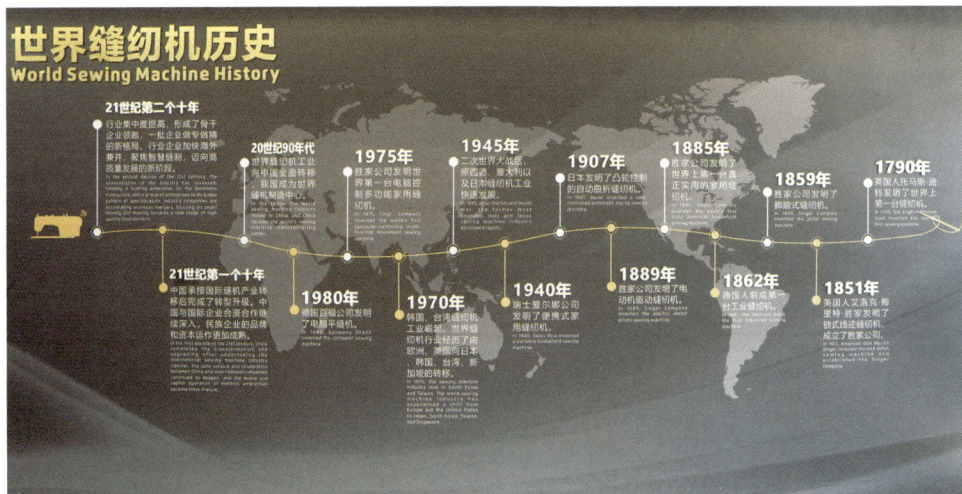

图 2-17　世界缝纫机发展史

A4 当之无愧。因为，自 2015 年从迅利 IIE 迭代而来的 A4 已经在全球出货超过 230 万台，这一数字还在持续攀升。如果从缝纫机诞生以来评选一款划时代产品，那么单品牌单款工业缝纫机销量之最无疑是一个令人信服的指标。

2014 年 4 月 15 日—30 日，原本是一个相对平常的时期，不过缝纫机行业却因杰克的一项活动引起了轰动。1880 元/台成为缝纫机行业热议的价格，原因是杰克将自己新出品的缝纫机迅利 IIE 打出了一家一台 1880 元的体验价格。

要知道，行业内的缝纫机价格普遍在每台 2500 元到 3500 元之间，杰克迅利 IIE 的官方定价为每台 3050 元，然而，1880 元的价格与市场上其他同类产品的价格相差了近千元。这一价格策略引发了市场的广泛关注。有人认为，具有成本领先优势的杰克可能会引发新一轮的价格战。对于这一事件，坊间的评论褒贬不一，有些人觉得这样的价格是"跳楼价，连成本都收不回来"，但也有人质疑："如此低的价格，是否是恶意竞争？"

图 2-18　杰克缝纫机博物馆各式各样的缝纫机

最能反映市场效果的是销售的数据，这款产品一经推出，立即取得了不错的成绩。大量的客户在体验之后向杰克抛来订单。迅利 IIE 甚至颠覆了传统的经销商赠送体验机的市场规则。

在当时，迅利 IIE 是一款新型的电脑平缝机，它是在 2009 年迅利 IIB 的基础上迭代研发出来的。而迅利 IIB 也经多年的研发，不仅成为了新型直驱一体的电脑机，还具备低噪声、低振动配置的特点。

升级款的迅利 IIE 与传统电脑平缝机相比，最大的亮点是"不用膝靠"，这个技术也是在杰克聚焦中小客户、深化服务这一基础上改进而来的。当时，杰克的研发团队在深入了解客户的需求时，最初认为膝靠是一个非常细微的操作习惯，对于缝纫机的整体价值影响不大。因此，研发团队和营销团队也对此持犹豫不决的态度。然而，在阮积祥的决策下，研发团队下定决心对这一操作习惯进行了深入研究。最终发现，尽管痛点看似微小，但改进之后的效果却非常显著。

杰克研发团队经过统计分析发现，以平车直缝工序为例（抬压脚次数为每米 2 次），缝纫速度为每分钟 4000 转。假如一年的工作天数为 300 天，每天工作 10 小时，一天抬压脚次数可达 5040 次，一年抬压脚次数则可达 151.2 万次。然而，这样庞大而惊人的数字背后是对腿的伤害，许多车工出现大小腿疼痛、右腿膝盖变形、患关节炎、长老茧、伤裤子等问题。

正是因为这一个"小小"的操作习惯，在南美洲的巴西，由于容易造成职业病，因此有明确的法律条文规定禁止缝纫机在使用过程中对膝盖等身体部位造成伤害。这种"不用膝靠"的技术看似只是一个小小的问题，但对于操作工人来说，却是反复操作的烦恼。杰克发现了这个"痛点"后，便开始把用户体验一点一点融入研发设计和创新当中。

迅利 IIE 是一款优秀的爆款产品，而 A4 则是迅利 IIE 的升级款。A4 的诞生，对杰克跃升为全球缝纫机市场的领导者功不可没（图 2–19）。

与汽车类似，传统企业通常是每 2—3 年推出一款新品。然而，新能源汽车的迭代速度明显优于传统汽车。这在很大程度上得益于新技术的快速迭代和中国产业链的高度成熟，包括中国对于整个产业的大力支持和期望。

缝纫机作为一种传统工业品，一般一款新品的开发只需要一年到一年半的时间，不过 A4 在迅利 IIE 基础上却花费了两年多的时间进行研发。尽管它是升级款，但其改动的地方却相当多。无论是基本的缝纫性能、产品外观和功能特点，还是原有设备中的劣势技术参数，都重新进行了设计。

2015 年 7 月 19 日，杰克的新款 LOGO 亮相。新的 LOGO 更年轻，更有朝气，更具活力。A4 不仅启用了杰克的新 LOGO，而且和以往的缝纫机产品相比，在外观上也有了大幅度的改进。A4 全新的外观由德国公司操刀，是行业内第一款具有独特视觉形象的产品。A4 的外观改进灵感来源于全球各地工厂中常见的缝纫机造型。当你走进服装厂，如果不是探下头仔细去分辨一台机器是什么牌子，根本无法识别缝纫机的品牌。为此，杰克希望在缝纫机上加上独

图 2-19　全球第一台会说话的缝纫机 A4 发布

特的视觉识别条。视觉识别条将杰克的标准色蓝白配色，通过流线型设计，优雅地呈现在缝纫机的白色外壳上。这种呈现工艺的要求颇为复杂，实现起来颇有难度。为了达到这一效果，杰克的研发团队花费了近一年半的时间，尝试了多种工艺并不断反复，最终在空调房通过丝网印刷技术成功地将这蓝白条固定下来。

A4 不仅中看，而且中用。

A4 是全球第一款"会说话"的缝纫机，能够以 11 种语言轻松播报。这一功能看似简单，但对于一款单调的工业缝纫机而言，冰冷的机器多了一份温馨。一个新手工人，根据语音提示，可以在 5 分钟时间内熟练掌握缝纫机的键位和功能。A4 新加入了语音模块，意味着缝纫机开始正式将智能化和自动化应用到实践中。

除了外观设计和语音功能外，A4 还增加了自动剪线、抬压脚、倒回缝、松线、扳手左移等功能，例如左移的扳手更符合人机工程学原理。正是因为这些功能所带来的综合体验的提升，A4 才成为超级爆款，一度成为全球销量最大的电脑平缝机，市场占有率超过 30%，成为缝纫机行业的现象级产品。

2015：投产智能无人化生产线

2010 年，杰克销售额突破了 10 亿元人民币，2011 年销售额继续增长到 13.5 亿元。到了 2012 年，行业再次出现下滑，杰克开始转型定位中小客户，2013 年和 2014 年销售额重回增长。不过到了 2015 年，市场行情再次到了低谷。市场的周期波动越来越快，究其原因是服装加工受到的冲击更大，尤其是重复建设导致的生产过剩，市场挤压越来越突出。企业用工也成为主要问题，招工难在 2015 年前后再次出现。

2013 年，当时负责杰克生产的常务副总阮林兵到汽车公司参观时发现，汽车生产领域中自动化程度最高的生产线是汽车发动机壳体的生产线，很多工厂都实现了无人无尘作业。阮林兵回到公司就提出了一个建议：杰克是否可以打造一家高度自动化的精加工中心。这一想法很快得到了公司核心经营层的支持。而后，阮林兵还前往日本学习参观，他发现，尽管日本企业的精加工方面在多年之前已经成熟，但想要引进却障碍重重。

回国之后，阮林兵就带队开始考察这类生产线，考虑到汽车行业变速箱和发动机与缝纫机壳体结构非常相像，最后他们把目光瞄准了汽车发动机的加工生产线。经过对多家工厂的考察，他们最后决定尝试与东风汽车进行合作，并计划按照东风企业的生产线进行深度改造，以应用于缝纫机壳体的精加工。对于东风来说，这也是他们首次尝试进行跨行业的共创输出。

在与东风研发团队进行了充分的技术沟通和投资评估之后，杰克遇到了一些疑惑。

第一，投资的金额。一条生产线需要投资人民币 1.2 亿元，尽管杰克的账面资金一直非常稳健，但是将这笔资金一次性投入仍然存在不确定性。当时的财务负责人谢云娇通过财务数据核算后，提出了一项财务分析建议，即希望投资能适当放缓。

第二，如果投资于精加工智能无人化生产线，每台缝纫机的生产成本也要增加 20 元以上，这还是在生产饱和且良品率极高的情况下。杰克在下陈的工厂，生产方式虽然老旧，但是生产成本核算下来明显低于新投产的生产线。

第三，良品率是否有保证，精加工机壳是否能够达到预期的精度，这些尚不确定。在传统机壳加工生产方式下，机壳精度平均只能达到 5 丝。而国外一些缝纫机生产中，机壳精度能达到 2 丝，因此，品质的稳定性更好一些。这也意味着中国缝纫机在与国外一些企业的竞争中，在性能的稳定性上总是落下风。杰克与东风合作的最大预期收获就是提高生产的精度，同时改善传统工厂又脏又累的生产环境，因此，综合考量后，财务数据仅作为参考，合作很快就敲定下来。

纺织服装行业是劳动密集型行业，服装机械设备的生产也是劳动密集型行业。随着技术的进步和市场的变化，这些行业的招聘难度逐渐增加。为了应对这一挑战，产业必须不断升级。这种升级不仅是工作环境的改变，更多是工人素质和知识结构的升级，以及产业技术水平的升级。与东风合作精加工智能化生产线，是一种跨界的尝试。这种尝试对于提升企业的竞争力是一种必然要求。就缝纫机产业而言，日本、德国等传统的缝制设备强国在技术上仍然具有一定的优势，主要生产和销售高附加值的特种工业缝纫机及高档辅助设备，主导着全球高端缝制设备市场。中国的缝制设备企业需要通过创新和差异化来提

图 2-20　杰克智能生产线投产仪式

升其全球竞争力。与东风汽车的合作恰逢行业低谷时期，杰克管理层深信：深
淘滩，才能在大水来的时候接得住。

　　硬件的投资同时也需要人才的匹配。杰克在与东风设备第一条精加工智
能无人化生产线研发成功并投产后，又连续投产了 8 条智能无人化生产线（图
2-21）。借力数字化控制，新的生产线在全球范围内处于绝对的领先水平，这
就对人才综合素质提出了更高的要求。

　　在华为的研发进程中，也曾经历过技术和人才短缺的困境。这几乎是中国
所有行业都曾面临过的难题，尤其是在一些关键核心技术领域，除了自主攻关
别无他法。杰克对于人才的重视几乎和华为如出一辙。华为可以为一个顶尖的
数学专家在国外建立一个研发实验室、一个分公司。同样地，杰克在北京、西

图 2-21　智能生产线车间

安、武汉、杭州、台州等十四座城市建立了研发中心，哪里是人才的聚集地，就在哪里扎根。杰克深知，只有打造自己的人才梯队，才能实现持续创新。当然，只有通过持续创新，以及持续不断地探索产业内外的协同机制，才能成为中国制造业不断升级的驱动因子，也只有向外学习、向内深耕，才能构建独特性，才能通过企业的升级带动行业的提升。

2015：全球营销大会

2015 年 7 月 18 日，恰逢杰克成立 20 周年。7 月 19 日，这一天不仅是杰克召开全球经销商大会的日子，也是杰克新品——世界首款"会说话"的缝纫机 A4 发布的日子。来自印度、德国、印尼、伊朗、巴西、越南、俄罗斯、德国、土耳其等全球近百个国家和地区的 160 多位经销商，共同见证杰克 20 周年庆典及新品发布。这次杰克的全球经销商大会不仅是行业内首次举办，而且参与者覆盖全球多个国家和地区。随着杰克 2015 年全球经销商大会的成功举办，杰克的全球化营销真正进入到了成熟阶段。

2015 年 9 月 2 日，阮氏三兄弟中的阮积明、杰克董事长赵新庆在海外市场考察，走访伊朗等中东市场，他们发现，杰克缝纫机在伊朗的市场占有率超过了 70%。阮积明、赵新庆调研的重点包括：产品质量在当地市场的满意度；对于 2014 年杰克提出的"China No.1 快速服务"的认知；护航杰克出海的两大法宝——产品和服务在海外的推行效果。

2017 年，杰克将全球经销商大会从两年一届改为一年一届（图 2-22）。尽管同行企业也开始举办全球经销商大会，但很明显，其全球化营销都在参照杰克的路数。例如，台州的一家同行企业在行业的交流会上甚至跟杰克的营销负责人说："我们根本不需要市场策划和营销人员，杰克做什么，我们跟着做什么就可以了。"这样坦诚却又赤裸裸的说辞，让杰克人有点哭笑不得。

在 2015 年的全球经销商大会上，杰克推出了一个全新的品牌形象，并配

图 2-22 2017 年，杰克全球经销商大会

合杰克全球营销策略——China No.1 快速服务体系的落地。很快，杰克在 10 月组织了 100 名国内的经销商伙伴走出国门，开启了全球经销商的交流学习之旅。这些经销商大多是杰克在全球经销商大会中评选出来的战略经销商或优秀经销商。在这一点上，杰克挑选国内经销商与国外经销商的理念完全一致，那就是特别重视挑选更多年轻、对财富有足够欲望、有事业心的经销商。对于国内原来几家缝纫机品牌的传统经销商，杰克需要经过慎重甄选，确定符合标准才会合作。在营销渠道的扩张中，杰克的理念不是渠道、经销商越多越好，而是更加注重经销商伙伴的追求和成长。从 2012 年开始，杰克逐步扩充渠道，到 2013 年进行了一段时间的沉淀。2015 年行业低谷时，杰克再次扩充了渠道，然后第二年再次沉淀，夯实基础。

杰克的全球化之路是一条漫长的道路。第一阶段为 1995 年到 2004 年，是杰克的国际贸易阶段。在这一阶段，杰克主要通过与国际贸易公司合作、参加各国的展览会等方式，找到各国当地优秀的代理商作为合作伙伴，将产品销往海外，处于"有什么产品卖什么产品"的国际贸易阶段。第二阶段为 2004 年到 2009 年，是杰克的国际化阶段。杰克在印度等海外重点市场设置办事处，聘用当地员工，用当地人的思维去理解当地的市场和产品需求，同时运用数字化的产品设计主线和订单交付主线，结合当地市场情况，开创新品类、开发新产品，市场需要什么产品，就卖什么产品。比如印度市场的服装厂当时还在大量使用家用缝纫机，杰克针对当地市场需求，开创性地推出了电脑直驱工业缝纫机新品类，让杰克快速占据了印度当地 60% 的市场份额。第三阶段为 2009 年至今。杰克相继收购了德国拓卡和奔马、意大利迈卡、意大利威比玛，通过

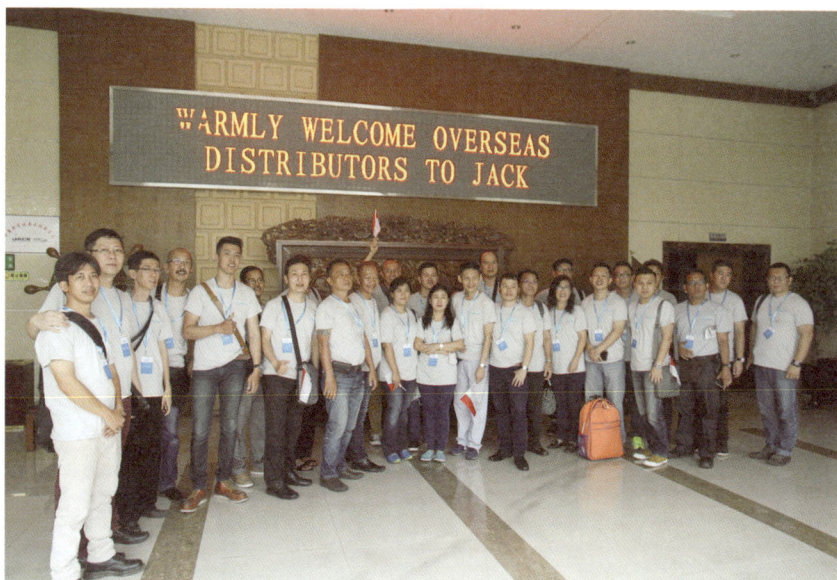

图 2-23　2015 年，泰国经销商到访杰克参观留念

国际并购，以全球化的人才和视野，以及全球化的研发、制造、销售的整体布局，通过协同打造新的竞争优势。

全球化有一个进程，对于中国企业而言，出海是一个漫长的过程，没有一蹴而就的。从国际贸易到国际化，再到全球化，并最终在全球市场形成品牌，可能是一条理想的道路，但这条路并没有标准的答案。

2017：登陆资本市场

2017 年 1 月 19 日，大多数企业已经放假准备过年，缝纫机行业传来了杰克上市的消息（图 2-24）。

早在 2002 年，杰克的年度销售额刚刚突破 1 亿元的时候，阮积祥就开始谋划上市。2003 年，他将上市计划提上日程，希望能在 2 年时间内上市。提出这个议题时，公司内部一片哗然，多数人对上市的理解还停留于浅层，只知道上市意味着财富的升值。阮积祥接受了清华大学的短期培训，后又进入中欧商学院，他接触到的同学多数都是上市公司的高管或老板，上市是一种常规的经

图 2-24　2017 年，赵新庆（左）代表杰克签署上市文件

营选择。三兄弟一直想推进的现代企业管理，规范化治理才是其核心。上市必然意味着公司治理的高度规范化，不再是单纯的家族企业管理模式。三兄弟希望通过上市优化公司的治理结构。

因为当时更多关注海外业务部分，考虑上市的难易程度，所以第一次上市的地点选择了新加坡。管理层的想法是通过红筹的方式，间接实现对公司的控制。

2004 年，公司开始进行内部竞聘上岗，谢云娇尝试竞聘财务副总监，但公司从社会上招聘到一位资深的财务总监，熟悉上市的流程，统领这一次的上市进程。公司在 2003 年成立了一个子公司，全面规范运作，目的就是成功上市，提升公司品牌竞争力。公司一开始搭建红筹架构，计划香港上市，聘请国内及香港两拨中介机构，推进上市进程。

2006 年，杰克的年度销售额突破 5 亿元，这一年国内的资本市场重新活跃起来。考虑到公司的业务发展定位及品牌的影响度，公司管理层再三衡量后决定调转方向，选择回归内地进行IPO，并于 2007 年 9 月首次提交申报材料，其实这时全球金融危机初现，各行业已经进入下行通道。2008 年的影响更明显。行业整体下滑，杰克的业绩也下滑明显，考虑到诸多因素，公司主动撤回了材料。

这一次上市的夭折，在杰克内部影响颇大，几乎所有人都知道杰克要上市，如果不是金融危机，上市会顺利很多。

当时公司外聘的财务总监也离开了杰克。第二次上市失败后，杰克很长时间内不再把上市作为终极目标，而是作为杰克成为全球缝制设备第一品牌的支撑要素之一。杰克人逐渐淡定地看待上市这项工作。接替财务负责人位置的谢云娇，成了公司上市工作的组织牵头人。这个时候，她加入杰克已经有 8 年了。

站在资本市场的角度来看，2010 年至 2017 年间，竞争的维度更高，杰克却持续高速增长，行业龙头地位越来越明确。这个阶段是杰克走上资本市场的绝佳时期。不过杰克上市首先考虑的是人才的吸引、品牌的提升、供应链和经销商的联动影响。或者说，杰克自己的行业地位决定了它必然要走进资本市场的命运。

2017 年 1 月 19 日，杰克几乎是悄无声息地挂牌上市（图 2-25）。

上市前乃至上市的发审会期间，三兄弟还都在外地出差，上市的各项工作在董事长赵新庆、董秘兼财务总监谢云娇的带领下有序进行。三兄弟完全释放了自己，以至于杰克上市后，铺天盖地的媒体新闻把关注点指向了三兄弟为何放心把如此重要的经营决策交给职业经理人。在媒体看来，中国有数不清的家族企业因为控制权问题把创始人踢出局。媒体对杰克本身的关注程度，并没有达到对杰克决策探讨的传播热度。在三兄弟看来，这就是他们不断进行变革，选择现代化企业管理模式的一种说明。

图 2-25　2017 年 1 月 19 日，杰克股份登陆上交所

2018：第三次关键增长

提前开始招人，投入营销资金，实施并购战略，储备产能、存货，加大研发投入，扶持供应商充分备货，动员经销商上下达成共识，这是 2010 年缝纫机行业大行情之前杰克的一些关键动作。

2009 年 7 月，并购拓卡奔马的事件让杰克声名鹊起，一下子扩大了杰克品牌在全球的影响力，随之远扬的还有杰克"快速服务 100%"的理念和极具用户体验的产品创新设计。在经济出现回暖迹象后，来自国内，以及东南亚、中南美等主要服装产地的订单络绎不绝，杰克实现了率先反弹，同期业绩的增长势头远超同行。

2018 年，杰克突破了 40 亿元的年度销售额。这个数字代表杰克的一个新高度，也象征中国缝纫机企业的新高度。总结 2018 年杰克的关键增长，2011 年至 2018 年间它深耕了两个关键动作。

第一是扩充渠道。杰克经过 2012 年的渠道扩充，从 2011 年的 500 多家经销商一举增加到 1000 多家。在扩充渠道之后，杰克通过 2013 年的精耕细作，夯实了渠道基础。

第二是聚焦中小客户。聚焦中小客户为杰克从 2013 年到 2018 年的增长明确了基调，打造了杰克能够增长的基本盘。2011 年至 2018 年，杰克的发展也从营销驱动进阶到了研发创新驱动。迅利 IIE 和 A4 的成功对杰克这一时期的增长至关重要。

中国制造业的发展，大多数都经历了从制造驱动、营销驱动到研发驱动这样一个过程，几乎没有一家企业一开始就有旗舰产品。即便是以技术起家的企业，早期也需要营销为产品提供广阔的市场，如华为、小米，在早期也依赖于营销驱动。尤其是横空出世的小米，从表面看是其产品的成功，但本质上依然是营销驱动的增长，当营销驱动做到一定程度时，需要再次回归产品研发和创新。

杰克的发展，从制造驱动到营销驱动，再到研发驱动，一个清晰的时间节点是迅利IIE的诞生。到2015年，缝纫机行业又一次陷入低谷，杰克又推出了划时代的A4，研发创新是推动杰克持续增长的关键驱动力。不过需要强调的是，从制造驱动、营销驱动到研发驱动，驱动的进阶并非替代关系，而是层层叠加的融合关系。

也正因为能力不断升级，旗舰级产品才会问世，从而带动杰克整体品牌的升级。2018年，是杰克与日本缝纫机品牌的决战之年。这一年杰克在近28亿元的庞大营收基础上，再次实现了49%的涨幅，各项数据实现全面超越。在这里我们能够看出，杰克这个隐形冠军企业的增长特点就是，在低谷的时候构建能力，等机会到来时翻身一跃，进入一个新的市场格局。在每一次的飞跃并占据新的行业位次后，杰克都会通过沉淀能力、夯实基础，为下一次的进阶积聚新的力量。

2019

JACK 杰克

2022

第四次关键增长——
全球格局之战

2018—2020：成套智联的雏形

2017 年是杰克成功登陆上交所的第一年。上市不到一年，杰克再次迈出海外并购新步伐。

2017 年 9 月 8 日下午 2 点，杰克在台州耀达国际酒店召开新闻发布会，浙江当地政要、行业内主要专家、媒体等共同见证。杰克发布了一则公告，成功并购了欧洲具有 40 多年历史的意大利衬衫智造专家——迈卡公司（MAICA），同时发布了最新自主研发的服装智造生产管理系统 IPMS。

2018 年 7 月，收购迈卡 10 个月后，杰克再次召开新闻发布会，又发布了一则公告，成功并购了同样具有 40 多年历史的意大利智能牛仔裤工业缝纫机领域的领军企业——威比玛公司（VI.BE.MAC.）（图 2-26）。俗话说："外行看热闹，内行看门道。"如果单纯看公告，投资者看到的是杰克上市后的关键词——并购，但背后其实是杰克对于行业的深度布局。

为什么要并购意大利迈卡和威比玛两家公司？

意大利的机械设备产业综合排名位居欧洲第二，全球第四。意大利是一个名副其实的制造业大国，而意大利的米兰则是引领国际潮流的时尚之都。意大利发达的工业体系及米兰蓬勃活跃的服装时尚环境，造就了迈卡、威比玛。

这两家意大利公司均拥有 40 多年历史，分别专注于衬衫、牛仔裤生产自动化设备，产品专业化、自动化程度非常高。同时，这两家公司分别拥有 100

图2-26　2018年7月10日，杰克收购意大利威比玛公司后召开首次员工会议

多项发明专利，始终引领行业的技术发展。迈卡的UAM系列拥有行业首创的针梭分离机头设计技术，机针与旋梭分别采用两台电机独立驱动的技术至今没有企业超越。威比玛埋夹机的DCP系统，辘脚机的锁链互换，裤腰机的锁链并存，贴袋机的双色DCT技术等至今引领技术潮流。

从品牌的角度来看，威比玛的品牌知名度与市场占有率极高，在行业人士看来，威比玛可以说是牛仔裤生产自动化设备的代名词，其设备也深受牛仔制造公司SOORTY、HAMEEN、HIDRAMANI等青睐。迈卡的客户更不用说，如hugo boss、ZARA、优衣库、海澜之家等都是全球相对顶尖的客户。

并购成功的杰克在研发、生产、采购、营销、服务等方面与迈卡、威比玛实现协同。尤其是一直专注于中小客户的杰克，可以将奔马、迈卡、威比玛的自动化设备组合起来，加快拓展中高端市场，提升杰克的全球品牌知名度及议价能力，完成从产品到技术的转移和升级。这就要说到杰克在 2017 年发布的 IPMS 系统。

IPMS 系统是什么？

简单地说，IPMS 系统是一套自动化、智能化的应用管理软件系统，可以让硬件生产变得更高效，管理变得更简单。这一套智能生产管理系统，集成了 ERP、OMS、MES、APS、OA、员工评价等功能。杰克通过与迈卡奔马等设备的融合和物联网技术，加上对传感器的控制，与电机电控的接口实现互通，采集设备、工人、物流的信息，对软件和信息进行分析、处理、二次分发，实现生产过程的系统化、标准化、可视化管理，解决服装生产过程无法精细化管理的难题，将生产过程中不可控的因素最大限度减少，提高生产效率与产品质量，缩短交货周期，降低生产和管理成本。

IPMS 管理系统的发布，标志着杰克从"智能缝制设备制造商"向"服装智能制造成套智联解决方案服务商"的转型升级迈出了跨越性的一步。

对于人才、研发、海外并购、商业模式等方面，三兄弟达成高度共识。"迭代式研发"，不仅布局了全球，而且吸引并储备了大量的人才，构思一代、预研一代、生产一代、储备一代，不怕竞争对手模仿，引领行业向前发展。所以，从战略控制点来讲，杰克在智能化、数字化，以及"工业 4.0"的推进进程中，具有领先同类产品一到两代的底气。

2018 年，完成并购的杰克在协同研发方面的探索思考也越来越多，如何实现收购后价值最大化，如何从产品的成功走向技术的成功，让投资效益达到最大化，协同研发是必由之路。在这一点上，杰克加大了人才的投入。成套智联是杰克在不断收购之后的一个新发力点。杰克已经具备了硬件的打通条件，而软件的打通需要人才的投入，以及对应用场景的理解。德国和意大利的企业经历了完整的电气化、自动化阶段，中国企业要走向数字化、智能化，需要与德国和意大利的企业进行协同。这是一条漫长的探索之路。

2020：掀开天花板

从 2017 年开始，缝制设备行业迎来新的增长周期，产品更新换代，下游缝制行业景气度提升，双向利好驱动，行业产能在 2017 年和 2018 年达到了一个新的高度。2018 年，全球缝纫机销量达到了 916 万台。杰克 2018 年的全年销售营收达到了 41.51 亿元。

2018 年后，行业再次陷入两年的下行周期，杰克在 41 亿元销售额的基础上，2019 年、2020 年的业绩出现连续下滑，2020 年在新冠疫情等"黑天鹅"事件的影响下，营收跌至 35.2 亿元。不过从行业的周期规律看，原来 5—8 年的行业大周期率已经转变为 3 年左右的小周期率。2019 年、2020 年的行业下滑后，新一轮的行情高峰可能会快速到来。如何对行业周期率的波峰进行市场洞察，将影响对可能到来的一场大战进行排兵布阵的节奏。

2020 年，行情不佳，杰克团队的士气也有所消沉。在行业低谷的时候，杰克习惯于沉淀企业的能力。当时负责战略与人力资源的副总裁吴利也希望从外部导入人力资源及薪酬激励的项目，在行业低谷时进行团队及干部的能力建设。在这样一个契机下，阮积祥带着高管团队走进了乔诺的激励训战班。杰克与乔诺的合作也由这样一个契机而展开。

杰克决定与乔诺进行合作，探讨先从哪个模块开始。是组织还是营销？乔诺创始人龙波说："还是先从战略开始吧。"杰克在多年的发展中，接受过很多咨询机构的辅导，不过战略先行还是第一次。

在过往，杰克的战略只由高层制定，中基层没有参与，这样就会造成战略的理解和执行不到位的问题。高层普遍认为增长空间有限，每年如果做到20%—30%的增长已经很好了，他们对高增长没有认知，对抓住未来市场的机会更缺乏共识。杰克这个已经持续增长了二三十年的企业，内部其实缺乏一些增长的雄心壮志。而共识是从战略到现实的灵魂，当组织庞大到一定程度时，一种不可名状的默契就会形成，突破起来很难。

2020年10月，杰克开启了战略训战辅导，并第一次尝试利用BLM模型业务领先模型制定公司的战略。在这场战略训战辅导中，战略由一线作战单元制定，而非由高层制定或由决策人阮积祥牵引，目的是让参与制定战略的业务管理团队达成全员共识，制定中长期增长战略，互锁短期增长策略及达成路径，打开内部视野，洞察企业未来的巨大市场空间。

原来杰克战略规划的痛点在于：第一，业务增长乏力，没有新业务来支撑增长，新的增长空间打不开；第二，产品线与营销线还没有形成作战单元，没有业务SP（战略规划）；第三，战略执行落地偏差大。

战略训战后的变化在于：第一，战略制定主体变化，公司产品线与营销线8个业务单元做SP、BP（年度商业计划）；第二，战略制定方法变化，引入SP工具—BLM模型从10步开展SP工作；第三，战略落地引入DSTE（从战略制定到战略执行）流程，将战略规划、年度业务计划与预算、管理执行与经营监控进行链接。

最终的结果是，杰克管理层初步达成了对公司业务规划分层的共识，即对H1、H2、H3业务的划分，碗里有饭，锅里有米，田里有稻。同时杰克上下达成共识，明确了公司第二增长曲线，即H2业务成套智联。公司产品线与营销线，形成了8个业务SP作战单元，完成了从SP到BP各个阶段的评审报告，左右互锁。

更重要的一点是，在这一战略制定过程中，杰克的高管团队争吵了两天一夜，最终制定了 2021 年要达成的增长目标：基础目标增长 70%，挑战目标增长 100%。

目标制定出炉，不少人还是将信将疑：这是我参与制定的战略目标吗？这一次的战略制定阮积祥没有发挥牵引作用，战略制定前他自己甚至也没想清楚，多大的增长幅度才符合自己的心理预期。不过就在 BLM 模型下，利用一套"五看三定"的科学方法，通过对机会点的挖掘、发现、汇集，战略形成了。即便如此，还有人觉得我们是不是被辅导老师具有煽动性的训战"忽悠"了。

同样是市场洞察，同样是调研客户，为什么结论不一样？

问题的关键就在于如何更深度地理解客户的诉求。通过辅导和对比才发现，原来的市场洞察更多时候变成了市场调查，不能看清楚客户的真正诉求，这样会直接导致大量机会的丢失。机会丢失，目标自然难以企及。杰克在这一次的战略制定中，对战略价值客户、战略价值产品等潜力赛道，以及头部客户的痛点更加明确。在此之前，杰克的 H2 业务已具备雏形，但是全员的共识度并不高，在对机会点达成充分共识后，成套智联解决方案为实现战略目标提供了有力的支撑。

这里就再次讲到了彼得·圣吉的《第五项修炼》，尽管杰克已经是一个非常成熟的学习型组织，企业的成长惯性依然会框住多数人的思维。缺乏外部视角，缺乏全局视角，缺乏系统视角，企业就会沿着常规的增长惯性"散步"。这一次的战略训战，只是打开了杰克团队的一个视角，在这个视角之下，杰克团队自己掀开了他们增长的天花板。

2020—2022：人力资源体系变革

　　只要确保战略方向正确，增长机会就能够被准确捕捉到。如果战略不清晰，团队就找不到发力点。战略清晰，有高度共识，就能达到"利出一孔，力出一孔"的效果。这是当时龙波建议杰克先从战略开始的要义。但摆在眼前最直观的挑战是，70%增长的基础目标和100%增长的挑战目标，如此之高，怎么达成？

　　2020年中，杰克上下都在寻找突破点，战略训战辅导之后机会点似乎已经清晰，但再次向下打开之后，目标实现过程中的问题一抓一把。

　　目标既定，老板的"痛点"消除后，管理层无须再和老板PK目标，老板也不用再与管理层来回拉扯，停止内耗。如何找到合适的人力资源体系来支撑业务的发展又成了关键。打多大的仗就需要调动多大的作战组织，匹配相应的资源。这是一个基本常识。

　　从这个角度去透视杰克的问题，发现对在岗干部不满意，又无更好的人可用，干部终身制导致山头主义长期存在。最重要的是，干部下不了、调不动、流不动，高端人才自然引不进，干好干坏，收入也差不多。这些问题横在管理层面前。老板被事务缠身，无法引领公司做前瞻性规划；总部、业务部门责权不清晰，影响运作效率与质量。放权则问题萦绕缠身，不放权则造成干部担责能力弱，而干部的决策能力一时半会也培养不起来。

　　2021年，杰克计划打一场胜仗，激活组织。对于庞大的组织来说，激活难度不亚于郭士纳的精妙比喻——"让大象跳舞"。2020 年下半年，杰克解决了战略的问题，战略向全员公开，优秀的业务骨干参与所在单元的战略制定，达成全员共识。2021 年开年，杰克就开启了围绕激活组织目标，面向驱动业务增长的人力资源变革。

变革分为三部分。

激励管理。目的是驱动集体奋斗，多打粮食多分钱。激励管理又分为绩效管理、奖金管理、工资管理，同时还包括长期激励和物质激励。首先是奖金的系数由原来的 0.8—1.2 倍，变成了 0.3—3 倍不等。个人奖金分配向绩效优秀者倾斜，拉开个人差距，由部门负责人基于个人责任贡献及绩效进行评议，由主管单元审批。其次是分层分级考核，看重个人绩效结果，真正做到分层分级、识别两端，每个层级识别出 10% 的末位员工。尽管这样做，会有一部分的低贡献人员离开或调岗，但如果不这样区分，可能会有 15% 的优秀贡献者离开。

组织管理。将权力下放，形成能够支撑业务增长的作战阵型，提高组织效率。在经营层，杰克建立 EMT 机制，从个人决策转向集体决策，核心成员轮值 CEO，在管理实践中换位思考，达成共识。老板重点关注公司战略与长远发展，高管职责明确，组织运作效率提高。

人才管理。将人才的价值发挥出来，将人才的主观能动性充分调动起来，激发干部的血性。干部流动破冰，能上能下，实行轮岗制。到 2021 年底，部分干部任期到期后，不留任的干部达到 40%。2021 年干部流动与储备干部流动的人数占干部总数的 5%。这样一来，干部梯队建立，队伍年轻化就有了基础，干部储备机制被构建起来。尤其是在 2021 年这一关键战役年，杰克在营销与研发部门中提拔了一批年轻干部，留住了高潜人才，换掉了一批缺乏进取心的干部。

战略变革后紧跟着人力资源变革，这是业务的需求，没有作战部队打不了胜仗。高增长目标必然要匹配高效作战阵型。人力资源是每一个企业的核心资源，重视人、尊重人、依靠人，更重要的是投资人。企业应对大的战役，产品、创新、市场等的能力提升都非一朝一夕立见成效，但人才的活力可以在较短时期内激发出来。

在这次的人力资源变革中，杰克也构建起了新的引人、育人、留人体系。

高标准引人。高标准，即高素质加高认同。高素质是人才管理的起点，优秀的人才造就优质的产品与服务。高认同是人才管理的核心，同心者方能同路，个人只有认同企业的愿景、使命和价值观，才能认同团队并融入企业创造价值。

高成长育人。高成长，即高能力加高绩效。人才能力的成长，以业务的快速成长为前提，在不断"打硬仗"中提升能力。持续高绩效是人才管理的根本目的，激励与绩效机制让员工不断挑战高目标。

高回报留人。高回报包括机会激励和物质回报激励。机会激励包括职位晋升、干部选拔、破格提拔、末位淘汰、继任计划、轮岗培养。高绩效的产出，要与高物质回报匹配，多贡献、多分配，让奋斗的人得到相应回报。

2021 年是一个独特的年份。国外疫情暴发，国内经济形势向好，需求大量涌现，整个行业都在增长。适时的人力资源体系变革支撑了杰克高增长目标的作战阵型需求。2021 年杰克一举实现了近 72% 的增长，年营收达到了 60.5 亿元，而这一次的高速增长也奠定了杰克在全球范围内的新格局。

2021：重新定义客户

杰克从 2018 年开始酝酿，2020 年真正大刀阔斧地开始变革。这不仅是杰克内部某个单一模块的管理项目变革，更是动真格的大变革。这一次的变革，要持续多长时间，谁也难以给出论断。

战略先行，确保战略方向大致正确后随即开展人力资源体系变革，目的是确保组织充满活力，能够为 2021 年的高增长目标提供即战力。除了战略和人力变革，营销管理体系的变革也在 2021 年推行。营销的变革，很多时候都以结果评判最终的成效，单从这一点来看，杰克在 2021 年达成了基础目标——实现 70% 的增长。不过，营销变革的目的是找对路径，提升能力，紧抓管理过程。高增长只是结果，而营销变革却要把一些偶然的机会变成必然的商业成功。

变革前，通过梳理，发现营销体系中正面临着三大问题。

第一，渠道能力不足以支撑业绩倍增目标。渠道没有分层分级，政策一刀切，结构固化，经销商可以利用原来积累的资源收益。这样就造成排名靠前的一部分经销商销售占比太高，零售占比较低，公司要推广新产品就有难度，市场推进缓慢。

第二，流程体系不完善，IT 技术无法支撑。流程体系针对性不强，一些必需的流程没有建立起来，一些陈旧且不适合销售业务形态变化的流程还在沿用，存在流程名称和标准不统一、流程重复、流程支撑文件部分缺失、未共

识、不实用等问题。这就造成了系统数据采集难，数据采集不充分，难以支撑
经营分析的问题。

第三，销售管理缺失，缺少数据分析。没有形成良好的销售管理，销售管
理充当了"救火员"的角色，以"救火"为主，进而目标差距越来越大，问题
很多，但不知道从哪里开始。相关的会议效率很低，会议流于表面，不暴露问
题，变成了"汇报会"，对于核心的经营性问题没有形成有效闭环。各级组织
缺乏协同沟通，语言体系和规则不统一，过多依靠事后弥补，缺乏事前判断和
预防。

杰克历史上有过多次的营销变革，2005 年前后，南方略咨询帮助杰克深耕
渠道。2012 年引入里斯之后，杰克再次扩充了渠道。这一次的变革，依然需要
重新面对这些问题。

定标准，明目标，给政策。针对性施策，差异化考核，渠道分层分级。杰
克每半年会对经销商进行排名，优秀的升级，落后的降级，激活渠道活力，导
向冲锋，让有能力、肯奋斗的经销商获得最大收益。同时，杰克重点发力于门
店销售业绩的提升，挖掘优秀样板店，统一"复制"，标准化推进。这样一来，
店效平均提升 73%，渠道数量也增长了 46.3%。通过新一轮渠道的扩展，截至
2021 年底，中国经销商数量提升到 3800 多家，全球经销商数量扩张到 8000
多家。

前端变化，后端的过程支撑也随之改善。明确了销售流程的主航道后，15
条关键流程初具雏形。将流程 IT 化后，杰克再次意识到 SAP-ERP 系统升级的
急迫性，决定投入 1000 多万元对 SAP-ERP 系统进行再次升级，对流程关键节
点进行 IT 化，将渠道、客户等信息上传到系统，打通缺失的客户环节，支撑成
套智联解决方案的快速推进，为 H2 业务提供保障，建立、共识和完善支撑文

件，进行场景化下的试跑和验证，解决实际业务问题。

在销售管理上，聚焦数据，群策群力，提高经营水平。完善销售管理体系、统一语言体系和工具方法；对照经营数据，紧抓过程管理，提前预测及识别风险，进行有效应对及规避；销售目标按双周滚动预测和达成分析。经营分析会议暴露出了当前经营中的大量问题，如干部板结、缺乏活力等。

营销管理变革是为了让营销团队做正确的事，正确地做事。有了正确的流程，必然会输出好的结果。在杰克内部推行营销管理体系变革的同时，杰克从公司层面重新对客户进行了定义。而这也是营销变革导向的长期目标，是杰克这一次终极变革的追求。在缝纫机这样一个成熟的行业，杰克要持续增长，必定要带动行业不断升级。

在过去，杰克一直将经销商定义为自己的客户。这一次变革，尤其是成套智联解决方案的提出，很大程度上明确了成套智联解决方案的应用厂商才是杰克的客户。服装厂、服装品牌商原本在杰克的经营价值链上的触点并不多，即便需要接触更多时候也是通过经销商进行链接的。杰克的这一改变，将经销商定义为公司的合作伙伴。

这一改变，对2012年的定位理念进行了调整。尽管中小客户还是杰克的基本盘，中大型客户却是杰克的未来着力点。当年赵新庆坚持不放弃大客户的想法，重新纳入公司的战略规划。杰克重新开启了中小客户和大客户"两条腿走路"的战略导向。

杰克的一系列变革，从战略到人力，从营销管理变革，到重新定义客户，这些改变不仅在杰克的营销管理团队中引发异议，也让部分经销商的心里产生一些疑虑，加上营销变革的一系列紧迫动作，甚至让经销商觉得被边缘化了。因为，杰克这么多年一块成长起来的大多数经销商不具备经营大客户的能力，培养起来还需要一个过程。杰克的变革路线非常清晰，中小客户依然是杰克的核心业务支撑点，成套智联解决方案面向中大型客户是必由之路。在华为的文化导向中，有一条清晰的价值观，那就是通过压力传导，保证组织活力。"通过无依赖的市场压力传递，使内部机制永远处于激活状态。"这句话出现在华为 1998 年审议通过的《华为基本法》的第一章第一条。而杰克的这次变革，本质上也是为了形成这样一个激活的内部机制。不管是杰克的管理层，还是杰克体系当中的经销商，都要保持奋斗与激情，持续提升学习力、创新力、突破力，失去活力就有被淘汰的可能。

人力体系变革和营销体系变革同时进行，杰克负责营销的人员无法理解如此大的转变，萌生了离意。压力传导让一部分人感觉不舒服，最终的结果是一部分人员在这次变革中陆续离开，但变革的好处也逐渐显现。

2021 年下半年，市场结果已经有了清晰的苗头，公司的出货节奏明显加快，再一次延续了 2010 年、2018 年的形势。杰克在 2015 年之后先后投产的 6 条智能化精加工生产线饱和式生产，生产线和经销商配合作战，以至于杰克要推行的变革项目不得不向后延迟，优先保证市场的出货。

2021 年末，销售数据出炉，销售收入同比增长近 72%。尽管所有人员都能够明确感知到预定的目标基本上可以实现，但还是要等到销售数据的确认。因为管理层在制定 2021 年的目标时，更多的不是不相信其他同事，而是不相信自己。2018 年，杰克突破了 40 亿元，而后便迎来了 2019 年和 2020 年两年的下跌。2020 年更是因为新冠疫情影响，销售收入下滑到 35.2 亿元。很多人心里没有底，不确信是否能够重回 40 亿元大关，站稳全球第一的位置。在商业的世界，比拼的从来不是一时能够站多高，而是占据高位时，如何保持自己的位次。这一次变革之后，杰克打算再次变革。

2021：第四次关键增长

2021 年，杰克一跃实现了近 72% 的销售营收增长，直接从 2020 年的 35 亿元营收，跳过 50 亿元大关，突破 60 亿元人民币。尽管未能实现 2020 年末制定的 100% 增长的挑战目标，但目标基本达成，实现了超行业倍速的增长。

2022 年再次受新冠疫情的影响，加上 2021 年积压下来的部分库存，在行业形势不容乐观、出货速度明显下滑的情况下，杰克稳定局面，维持基本面，年度销售营收依然达成 55 亿元。从 2021 年到 2022 年，杰克连续两年保持公司的基本盘。就杰克自身而言，局面已然稳定，并将全球第一的位次保持在一定高度，为下一次跃升积蓄力量。

在杰克的发展历程中，有一个不太容易被察觉的问题，那就是低谷时期的企业在干什么。

机械设备行业具有较强的周期性，踏错某一个周期，很可能会陷入一蹶不振之地。回顾一些老牌企业，在行业的发展道路上，都有如日中天的时候，最终却消失于大众视野。缝纫机行业和其他行业并不完全一样，主要体现在市场格局的变化。当处于行业下行周期时，企业的市场份额不可避免要下滑，但如果下滑的份额低于同行水平，那么市场格局便处于有利位置。

杰克就是在行业发生巨大波动的时候，能够凭借超强的市场敏锐度和高瞻远瞩的战略目光，把握行业脉搏，提前进行布局，为未来的增长奠定坚实的基础。每一次行业周期，都是杰克快速增长的机会，也是杰克成就行业领导地位的关键所在。

在行业低谷的时候，杰克察觉到自己的短板，抓商机、拓渠道，推行变革，构建自身的企业能力，大力投入创新研发费用。2018 年之后，杰克大力招聘年轻的高学历专业人才，杰克的投入让行业内人士瞠目结舌。缝纫机行业规模不大，封闭性也强，研发技术人才更多依赖自己培养。这些人才要想在行业内发挥作用，起码要在 5 年后，发挥核心作用则需要 6—8 年的时间。随着自我的成长，这些人才可能有一部分不断流散到服装产业链的其他领域，这恰恰符合杰克在系统共性创新上的需求。人才的投入，是杰克一直以来不断变革、创新的最大布局手笔。

2021 年的高速增长为杰克的新发展、新格局夯实了基础。在 2022 年低谷的时候，杰克再次对各项能力进行构建和升级。在每个专项上，杰克都有要超越的目标。格局的竞争不是一时之争，而是 5 年期，甚至 10 年期的竞争。当一个行业领导者出现，并把目标瞄准 5—10 年后的自己时，竞争的维度已经发生改变。

战略方向大致正确，组织始终充满活力，这都有助于实现企业的长期有效增长。对于庞大的组织，变革需要企业强大的自上而下的信心和决心，需要高层强推动、中层管理人员强投入、基层人员强执行。企业长久形成的变革基因为企业提供了持久的动力，积极开放的心态，持续的变革投入。杰克每年将 10% 的企业利润投入项目的变革，并持续引入各种项目，从而沉淀为组织能力，积累小胜利为大胜利，使变革成为一种正向循环。当这样的生态建立起来，也就形成了卓越的基因。

隐形冠军杰克

JACK

03

杰克持续有效增长的
八大关键要素

JACK
杰克

文化筑基，人才战略

杰克的"猫论"

2004 年 8 月 30 日，在下陈横塘村，杰克工厂正门与机场路的连接路上，一座崭新的小桥竣工了，这座桥被命名为"杰克桥"。

在杰克桥的两旁，有两座用汉白玉雕刻的雕像。雕像不是狮子，而是两只猫，一只黑猫，一只白猫（图 3-1）。两只雕像猫的底座上，分别写着两句话："不管白猫黑猫，抓住老鼠就是好猫""不惟资力学历，多大能力多大舞台"。

图 3-1 杰克桥上的黑猫、白猫

这一天，杰克在全公司举行邓小平同志诞辰百年纪念仪式，并发布了杰克发展过程中一个最重要的人才论断：白猫黑猫论。

阮积祥谈最初塑立白猫黑猫雕像的初衷时表示："当时有好多大学生初到企业，感觉职业生涯十分迷茫。我们深知 80 后的特质，他们不愿固守，当感到前途不明时，会很快跳槽离开。想让他们安心工作，踏实走好每一步，公司必须主动向他们表明会提供什么样的平台。"在杰克，的确有这样一群"好猫"。如果在其他企业，他们可能默默无闻，甚至会因自己或黑或白的"皮毛"受到冷遇，但杰克看到了他们内在的潜质，给他们提供了尽情施展才华的舞台。

专业人才的匹配

在杰克的早期发展过程中，有不少人的加入，对杰克的发展起到了至关重要的作用。

1999 年"三天三夜会议"之后，杰克改变了管理模式和产品赛道，必然要求有相匹配的人才支撑。通过强化培训，杰克不断提升早期加入的员工的能力，同时吸引优秀的新人加入。黄展洲、车建波、郭卫星、谢云娇、邱杨友、郑海涛等都是在这个时期加入的，其中，黄展洲、车建波具有一定的工作经验，其他都是刚毕业的大学生。经过几年的打造，杰克在 2003 年前后形成了一个多层次的人才梯队结构，并继续加大专业人才的招聘力度。

2003 年，黄展洲到清华大学招聘，在校园宣讲会上，他不讲招聘本身，而是讲了一个印度商人从上海到台州的故事。

一个印度商人到上海参观了一圈缝纫机产业，都没有找到自己想要的。有人告诉他，你如果想要做金融，在外滩随便找个人都可以了解到专业的金融知识，因为上海是金融中心。但你如果想要了解缝制设备制造产业，那一定得去台州看看，因为台州的缝纫机产业占了世界缝纫机产业 40% 以上的份额（以销售数量计）。所以，不到台州肯定找不到最合适的合作伙伴。

黄展洲的话给了在场学生很大启发。对于机械制造等专业的学生而言，到一个产业高度聚集的地方，才能有广阔的用武之地。

当时，即将从清华大学毕业的张传有和李丽跟一家大型国有企业已经签约了，虽然对杰克表现出了一些兴趣，但还是犹豫不决。

从校园招聘到大学生离校还有几个月的时间，毕业生利用这个时间寻找适合自己的公司，基本上都是骑驴找马，每个人都不愁下家。当时，和这些大型企业相比，杰克没办法通过绝对优越的条件吸引清华的毕业生，为了打动他们，让他们加入杰克，黄展洲每个月都将《杰克报》寄给张传有和李丽。报纸上，有杰克的厂容厂貌和杰克的最新发展情况。就这样，《杰克报》在清华大学的班级里传阅，让这些毕业生更了解杰克的发展前景。在连续寄了4个月的报纸后，张传有、李丽最终决定放弃大型国有企业，加入杰克，并逐步成长为部门的中坚骨干。

走现代化、专业化发展之路，就是走企业的能力提升之路，最核心的是人才能力的提升。1999年，阮福德曾从大学招聘了二三十位大学生，但不到一个月大学生就差不多全走了。这让三兄弟意识到，只有不断改善企业的土壤和环境，才能让这些加入杰克的高质量人才留下来，才能吸引更多的高质量人才。

企业能力矩阵的打造是一个艰难的进程，多类型的专业人才在一个平台发挥效力时，会不断碰撞与磨合。杰克发展的过程也是一群优秀人才与杰克共同成长的过程。从最早跟随三兄弟的下陈附近人，到后来从全国招揽过来的优秀人才，包括社会人才和高校毕业生，再到滕书昌、赵新庆，以及日本专家等稀缺的专家型人才，每一个人才的加入，都能给杰克解决实际的问题，提升杰克的专项能力，并构建起层次分明的人才团队，推动杰克更好地发展。

隐形的文化权力

"随地吐痰罚款 10 元是制度，不吐不罚就是文化。"这是在杰克内部流传的一个精妙比喻。在杰克的企业管理运营中，人才、信息、科技创新和文化被阮积祥称为企业发展的四大核心要素。文化相比其他几条，看不见、摸不着，却是最基础的。杰克的所有制度、流程、政策都是以文化为指引来确定与修正的，文化的基本理念支撑着很多制度，对员工的行为产生巨大的影响。

杰克文化从何而来？因何而立？为何对杰克的发展产生如此重要的影响？这就得从杰克创始人阮氏三兄弟说起。

阮氏三兄弟从成立飞球开始，面临着诸多的困难，如资金不足，人才匮乏，技术欠缺，设备不全。在这重重困难的跑道上追赶超越，靠什么？

当初的三兄弟不知道企业文化是何物，共同的经历让他们懂得，一个人没有一点独特的精神断然无法成功，一个团队没有士气则遇到任何事情都会很快气馁放弃。因此，1998 年，杰克提出了"和、诚、拼、崛"的企业精神。在企业的持续发展中，这四个字成为杰克文化的底色，逐渐衍生出"客户第一，快速服务，聚焦专注，艰苦奋斗，共创共享"的企业核心价值观。文化是一种独特的感召力量。杰克的新员工入职培训第一课，阮积祥会亲自上阵，用他特有的激情诠释杰克文化的精髓。除了给新人讲述他们三兄弟的创业故事，他有时候还会讲一些轻松的寓言故事。有一年，他讲了一个关于"老鼠夹效应"的故事。

一个农庄主在他的粮仓里放了老鼠夹子,老鼠发现后去告诉母鸡,母鸡看了看老鼠说:"这和我有什么关系,我很同情你。"母鸡说完走了。老鼠又跑去找肥猪,肥猪淡淡地说:"这是你的事,你自己小心。"说完慢悠悠地走了。老鼠又跑去告诉大黄牛,大黄牛表情冷漠地说:"你见过老鼠夹子夹死一头牛的吗?祝你好运。"说完也骄傲地走了。

后来老鼠夹子夹到了一条蛇。晚上女主人到粮仓里检查时被这条蛇咬了一口并住进了医院,男主人为了给女主人补身体把母鸡杀了。女主人出院后亲戚都来看望,男主人把肥猪宰了招待客人。为了给女主人看病,男主人欠了很多钱,于是把大黄牛卖到了屠宰场。

这是一个"城门失火,殃及池鱼"的故事,但从另一个角度看,这也是一个"利他方为利己"的故事。这个故事告诉我们,一个人无论是在社会中,还是在企业和团队中,都不能抱着"事不关己,高高挂起"的心态,要懂得"利他"。维护别人、维护团队,就是维护自己。成就他人,才能成就自己。利他文化,是杰克"和"的企业精神在团队协作中极为重要的一个体现,也是杰克文化的一个重要构成。

文化如何在企业经营中发挥"看不见的那只手"的作用?如何实现它的权力?我们前面提到,文化是制定规章制度的依据和指引,规章制度则是文化在职能部门的落地机制,是向经营管理层面的转化,它通过规范员工的行动去影响另一个或者另一群员工,不断裂变,营造出一个更大的文化场域。这是企业文化形成的方式,也是文化完成权力转化的过程。

当然,所谓文化似水,润物无声,文化的形成并非一朝一夕之功。杰克早早确立了以文化为基础的企业发展理念,在企业里不断倡导"以文化填充制度的空"的理念。唯有在管理中践行对文化的诸多理解，才能沉淀为一套理念，这也是阮积祥提出的以人性为基础实践管理的体现。

所以，回看过去，尤其是从一件一件杰克各个阶段发生的大事来看，都会看到文化运动的影子。从1999年开始，杰克每年在公司内部推行的项目变革，少的时候有一两个，多的时候有三四个。

1999年创办企业内刊《飞球天地》；2001年开始第一次送员工到宁波建峰培训；2002年开始在公司推行竞聘上岗，启动KPI绩效考核项目，实施岗位评估，提出管理层持股；2003年成立企业文化推进部，同年召开第一次经销商培训会；2004年启动平衡计分卡项目、SAP-ERP项目……这些项目变革，自阮积祥从清华大学A管理模式培训归来，从未有一年停止。可以说，项目的变革，

图3-2　2003年，杰克荣膺中国企业文化大奖

杰克内部几乎时时刻刻都在推行。这也是所谓的"变革一直在路上，成长一直在路上"。

如此频繁的项目变革，自然不容易。如果单纯靠从上而下强行灌输，结果就是下边人阳奉阴违，变革毫无效果。杰克认为，文化权是企业最大的管理权，要实现变革的成功，必须先统一参与者的思想，然后才管理他们的思想。因此，杰克每一次的大型项目或者活动，无论是对于经销商的还是对于供应商的，甚至针对企业内部的，都会以文化运动或配套的宣传活动为起点，打造愿景和共识。这种对文化权的打造和应用，表面看起来效率不高，但是在执行中会减少很多阻力，整体效率往往是最高的。

这也是企业管理者领导力的直观体现。愿景、沟通、定位和自我调整永远是领导者要面对的核心主题。通过愿景可以唤起专注，愿景是一个组织的梦想，这个梦想只有在组织中引起共鸣，才能成为未来的蓝图。只有兼具构筑愿景和想象的能力与实施愿景的管理能力，并把两种能力协调好，企业才有充分的组织活力。构筑愿景后，领导者要做的就是向组织和团队成员传达愿景，使愿景融入组织文化，渗透于组织的血脉之中。

文化虽是一种管理权，但又是无形的。它如何实现权力的管理和分配？文化能够主导制度、流程、政策的正确制定与实现。文化权控制住了，具体经营管理权也就控制住了。

文化是权力再分配的基础，企业的所有行动都需要依赖权力来作为行动的第一动力。权力有很强的惯性，一旦掌握在某个人或某个组织的手中，要再想收回来，所付出的远远超过一般人的想象。有序分配权力的前提是领导者能否把权力抓在自己的手中。此外，通过什么方式抓、抓什么权力也至关重要。

隐形的权力背后是愿景、文化权和思想权的综合。"企业最高层次的经营是文化经营"，这句话放在任何一个单元结构中都适用。文化是秩序的根本力量。一个合理执行到位的企业制度，可以让企业不犯大错，"通过文化填充制度的空"，可以让企业的运作更具活力、高效和持久。

正所谓文化似水，水成于无形，水隐于其中，能凝结一切。文化似水，润物无声，又难独挡。文化，不是看得见才去相信，是相信了才能看得见。这是一种隐形的权力，也是终极权力。

JACK
杰克

客户第一，快速服务

客户第一战略

　　杰克规模达到 200 人时，整个公司的销售员还只有四个人：阮福德、阮积祥、管彦林、林佶。林佶是阮积祥在经营飞达缝纫机商店时认识的，"三天三夜会议"后，杰克转型生产工业缝纫机，杰克转型后他被邀请加入公司。

　　1999 年，在飞往泰国的飞机上，林佶跟阮积祥讨论，公司当务之急是建立杰克的品牌和新的销售体系。家用缝纫机和工业用缝纫机的销售渠道绝大多数不重合，无法再用。两人对新的销售模式进行了深入探讨，形成了一些初步构想。

　　2000 年，缝纫机市场依然是卖方市场，国营大厂的销售方式是通过门市部进行销售，谁要货先打款，厂家统一发货。而且，国营大厂由于市场管控不严，零售价格比较混乱，竞争无序，一台 2000 元的产品，终端经销商卖出去单台利润只有 30—50 元，还没有配套服务。即便这样，他们的产品依然供不应求。

　　像杰克这样刚刚转型的厂家，在工业缝纫机领域的名气基本为零，在公司实力、产品品质和品牌知名度等方面与国营大厂根本无法比。那怎么才能把经销商吸引过来呢？

　　在经营飞达时，阮积祥就非常清楚经销商的心情和诉求。要想打开市场，讨论的关注点就是建立销售渠道，关键在于如何让经销商有利可图。最后，杰克制定的销售原则是"经销商利益最大化"。在当时，经销商就是杰克的客户，只要有经销商销售杰克的产品，就意味着打开了通路，产品可以销往全国各地。

如何将经销商利益最大化？区域销售制。现在看来，答案可能很明了，但这在当时却是一种前所未有的创新。杰克是全国缝纫机行业第一家实行区域销售制的公司。

区域销售制的关键在于保证经销商不打架、不窜货，做到销售价格体系不乱，各区域利润有保证。

那时候，阮积祥、阮福德、管彦林、林佶坐着公交车和绿皮火车，在各个城市跑，没日没夜地跟经销商谈。最早一批浙江、江苏、广东等区域的经销商就是在这个时期建立起来的（图3-3）。杰克最开始的90多家经销商中，有40多家是从东阳的"背包客"中发展起来的，并跟随着杰克一步一步壮大。他们

图3-3　2001年杰克第一届经销商年会合影

背着大包，装上各种各样的缝纫机零件，在山东、河北、河南、新疆等区域销售，其订单由杰克发货，慢慢成长为具有较强实力的经销商。至今为止，杰克的全国经销商中还有很多东阳人。

早期的区域销售制起到了一定的效果，但在区域保护和窜货方面依然难以很好管控。为此，杰克在区域销售制的基础上，再次升级销售政策。所有经销商在进货时，不但要付清全款，每台缝纫机还要追加 200 元的保证金，称之为区域保证金。一开始，这个政策并不被理解，遭到了不少经销商的反对。

区域保证金制度对所有经销商一视同仁，额外支付的 200 元会一直留在公司账面上。年终时，如果经销商没有窜货到其他区域，这 200 元如数返还；如果窜货到其他区域，这 200 元保证金就给被窜货区域的经销商。一方惩罚，一方保护。这样一来，所有人都会严防他人窜货到自己的"地盘"，也不敢有窜货行为。

2000 年 4 月，江苏一家年销售额几百万元的大经销商，被隔壁区域的经销商举报。经过调查，这个经销商将一个 200 台机器的单子销售到其他区域。一台机器 200 元保证金，200 台也就是 4 万元。公司很快将这件事在经销体系内通报，并将 4 万元的保证金给到了另外一个区域。后来，这家经销商越做越大，一年的销售额达到了两三千万元，但是每台机器 200 元的惩戒条款对这家经销商似乎没用，还是屡屡出现问题。杰克经过反复考虑，最终选择将之清退。这让全国的经销商都明白，触犯了公司的政策，就要承受十分严重的后果。

除了保护经销商利益，杰克对客户声音也非常重视，因为好的销售模式需要有好的产品来支撑。所以杰克建立了一套完整的反馈体系，通过一线营销服务团队，收集客户的需求与建议，充分与内部的研发、生产等部门打通，确保客户反馈的问题快速解决。

2022 年，杰克又创新地开展了经销商大会（图 3-4）、客户需求交流会，打通研发、生产等部门，通过线上线下各种方式与客户沟通，将外部的压力无缝传递到内部。同时，在内部严格执行客户反馈闭环机制，要求疑难问题 3 天内回复解决方案，7 天内把问题解决。从客户角度出发，促进质量提高，解决客户痛点，提升产品整体质量水平和综合竞争力。

保护经销商的利益这一理念，是杰克这么多年与经销商共同成长的保障性原则。不过，这条原则也并非一成不变，在不同时期有不同的延展和生发，从早期的专属区域销售制度、保证金制度，到后来的杰克专卖店制度，再到后期

图 3-4 杰克 2022 年度经销商大会

的客户需求反馈闭环机制，杰克对自己和经销商都提出了更高的目标和要求，持续牵引，共同成长。

阮积祥非常清楚，经销商的成长很大程度上决定了杰克的成长，可以说经销商的天花板决定了杰克的天花板。杰克早期的"经销商利益最大化"只是一个开端，从 2000 年开始，一直到 2023 年的经销商年会，杰克依然在不断更新举措，从不同维度推进这一原则，将"经销商利益最大化"的理念深入各个层面，同时，让经销商意识到唯有客户的需求得到满足，经销商的利益才能得到长久保障。客户第一战略是杰克和经销商共同发展、壮大的核心理念，必须深入贯彻。

2021 年，杰克重新定义了客户，并将客户重新分层分级，将经销商也进行能力划分，经销商被定义为共同成长的商业合作伙伴，是杰克客户第一战略中不可或缺的一环。

服务竞争力

2012 年，杰克引入里斯定位，目的是聚焦某一客户群体，锁定某一价位段产品。经过调研论证，提出聚焦策略，让杰克在 2013 年重回增长之路。咨询公司调研指出，中小客户开始崛起，需求巨大。因此，聚焦中小客户，是杰克差异化竞争的核心策略。

差异化竞争带来的另外一个变化是服务的功能和地位再一次强化。小型服装企业没有维修人员，很少有备用机器，缝纫设备的安装、调试、保养、维修都要快，一个关键诉求点就是不能因为机器故障停工，影响按时交货。

因此，杰克明确提出了"聚焦快速服务"的宗旨，将"快速服务 100%"作为杰克的品牌特性定位，各项资源都向服务聚焦，人员、设备的投入和配置也进一步加大。当几乎所有的缝纫机企业都在宣传高科技、智能化等特性时，杰克另辟蹊径，提出服务型制造企业的概念，并围绕服务打造一系列的支撑活动，将"快速服务 100%"在受众层面建立起独特的心智模式。

"快速服务 100%"理念要求不管哪个层级在提供服务时都以"快速"为准，杰克覆盖全球的服务网络和服务人员需 24 小时全天候待命服务，一旦发现问题或接到用户需求信息就快速出动。而如何做到"快速"则需要整个服务体系来支撑，这在当时整个行业并没有经验可以借鉴，在此情况下，杰克通过跨界学习与持续的改进创新踏上了"快速服务"的摸索之路。

① 练内功，强化内部服务支撑体系。

2003 年，杰克全体管理人员到青岛海尔参观学习，深受启发，随后就从海尔等国内知名企业请来专业服务团队对杰克进行指导，在全行业率先成立了 24 小时呼叫中心，建立起快速响应及服务回访机制。"呼叫中心"功能定位多次迭代，2023 年升级为"智能客服中心"，引入全新的客服系统，将微信、官网、公众号等在线渠道进行了系统性整合，增加知识库与智能机器人，常规问题可快速查找，人工客服与智能机器人结合，24 小时为客户提供快速服务。

从聚焦快速服务开始，杰克专职服务人员从最初的几个人增加到 200 多人。国内外各个主要市场安排服务人员常驻，重点市场设立办事处。在当时，很多客户所在位置交通并不方便，杰克给国内一线服务人员配置服务车，确保客户服务需求能够快速响应。

快速服务除了一线的服务支撑外，零件快速供应也非常重要。2021 年逐渐完善 WMS 系统、PTL 仓储系统，方便客户快速查找代码、下单同时，保障服务件能够当天发出，销售件 24 小时响应。内部建立经销商备件管理制度，经销商根据销售量可选择备件，保障快速处理客户问题。

杰克聚集了各方面的专家成立了技术支持部，专门负责机械、电控问题的快速支持和产品资料的开发，并协同一线服务"请进来、走出去"开展培训，同时定期开展线上课程，不仅为经销商服务解答问题，也为客户普及产品知识。

② 传递理念，带动经销商一起投入做服务。

要想实现"快速服务 100%"，既需要杰克自身投入，也需要经销商一起参与，调动经销商的积极性，发动经销商一起投入做服务，将杰克"以客户为中心，快速服务"的理念传递到终端客户。

2006 年开始，杰克大量开展本地化培训项目，加强经销商自身服务力量，引导经销商做好终端客户服务。2013 年，杰克经销商中直接服务于客户的人员数量便已超过 2200 人，经销商能够传递的服务能量非常大。但因为是非直管人员，这个庞大群体的服务理念并不统一，服务水平也参差不齐。但对终端客户来说，这些人代表的就是杰克的服务水平和服务形象，因此，杰克要把服务打造成竞争力，就需要有统一的服务标准来规范经销商的服务人员。

为此，杰克"走出去、请进来"，开展了超过 2 万场大大小小的服务培训，为了解经销商的实际服务能力，每年杰克都会组织专门的服务认证小组，对经销商服务技能进行考核，合格后发放技能证书，确保经销商具备快速解决客户问题的能力。

另外杰克规范服务流程，建立统一的服务标准，通过一线服务"传帮带"的形式引导经销商服务逐步标准化，从而为客户带来更好的服务体验。杰克在全球重点市场设立 10 大服务中心，并且通过服务剥离、陪跑等模式牵引经销商掌握服务能力，并对通过认证的经销商进行自主服务授权。

在经销商日常服务过程中，涌现了许许多多感人的服务事迹，杰克从 2010 年开始举办"服务明星评选"活动，对一线优秀服务事迹进行表彰，并将经验分享给经销商服务团队，带动经销商更深入贯彻快速服务理念。杰克也连续 5 年被评为"全国售后服务十佳单位"。

为更快速满足客户电控服务需求，杰克对经销商进行系统培训，并授权服务能力较强且通过技能认证的经销商搭建电控服务网点，目前全球杰克授权的电控服务网点超过 130 家，具备电控服务能力的经销商达到 260 家以上，覆盖所有核心市场，网点城市基本可实现当天解决。

2022 年杰克在行业内率先启动经销商服务星级评定，并且派服务专家组进行辅导认证，通过多方面评比，选出了 6 家四星级服务单位，40 多家三星级服务单位，星级服务标杆为杰克经销商提升服务提供了方向，同时对推动行业服务标准化、规范化管理起到了示范作用。

③ 以客户为中心，服务主动上门。

针对不同市场、不同服装品类、不同开工周期和不同客户诉求，2013 年，杰克作为行业内首家启动"为您加油"系列服务活动的企业，在客户开工前，主动深入服装工厂，开展免费巡检活动，上门检修设备，并根据客户的工艺要求帮助调试机器，确保客户开工不会出现停机风险。

2022 年杰克推出"服务日"活动，带动经销商一起，每月 18 号，在固定地点摆摊设点，不限品牌，不限机型，为客户提供免费的产品体检、电控快修、工艺指导等服务，首次推出就大获好评。

④ 强化内外部反馈与协同机制。

2022 年以来，杰克开展了多场吐槽大会，邀请来自全国各地的经销商和用户，针对公司的产品、服务等方面畅所欲言。生产、品质、研发等部门的相关负责人亲临现场，对客户反馈的问题逐一解答，回复改善时间节点。吐槽大会将客户声音、市场压力无缝地传递到内部，倒逼内部快速改进与提升，为公司不断提升客户满意度提供了有力的保障。

同时，杰克建立面向客户问题解决的端到端 ITR 流程体系，实现产品全生命周期服务。杰克在行业中率先引入服务信息化系统，实现了服务全流程的线上管理。客户可以通过系统提交服务工单，也可以反馈产品问题。专业人员负责跟进，将问题分发至品质、生产、研发等相关部门，以确保问题得到妥善解决，并追踪源头，形成闭环。在此过程中，客户可以实时查看服务记录和质量闭环的进展，并进行满意度评价。通过信息化管理工具，杰克将经销商服务的标准流程固化，从而帮助经销商进一步提升服务能力。

⑤ 服务坚持和持续创新。

依托于杰克搭建的智能客服系统远程视频平台功能，杰克打造三级远程专家服务体系。一级：通过全球一线的服务人员提供服务。二级：公司内部坐席专家团和全球经销商各领域专家依托远程视频提供服务支持。三级：研发、制造域最权威的专家提供最终远程服务支持。三级远程专家服务体系的建立使快速服务的时效性和满意度得到了双提升。

服务本身非常花钱，各项费用、人力、资源的投入巨大，而且看不见直接收益。所以，快速服务说起来简单，坚持下去却需要强大的战略定力。杰克为什么舍得如此大手笔投入？这是因为杰克的管理团队坚信，服务必然成为最终的竞争力。

相对于冰冷的机器，服务更容易被感知，是与产品使用人员最直接的接触点、交流点，能传递品牌的温度，构建一个独特的杰克品牌体验场。因为服装厂的操作工人、厂长、老板都希望碰到问题时能获得快速响应，所以服务更容易带来价值感知和价值评判。从品牌角度评判服务的价值，短期来看，投入大，价值有限，但长期来看，服务满意能够带来复购，进一步提升市场份额，增加品牌溢价。因此，必须用长远的、发展的眼光来看待服务竞争力。

在客户体验评价体系中，有一项指标叫客户净推荐值 [Net Promter Score，NPS，NPS＝（推荐者数/总样本数）×100% −（贬损者数/总样本数）×100%]，NPS 需要委托独立的第三方机构进行调研评测得出数值。对于诸多 To C 类产品，尤其是硬件产品，净推荐值达到 20，已经是一个很好的数据。杰克从 2021 年开始对服务做专项的 NPS 调研，2022 年的数值接近 45，比一些头部国际知名消费品牌还要高。

这里有一个有趣的故事。在长年累月的认知下，一些服装工人对杰克的服务有了一种独特的看法，他们选择服装厂要看这家服装厂用的是什么牌子的机器，如果不是杰克的机器，甚至不愿意进厂工作。随着招工越来越难，服装产业工人的地位不断提升，他们对机器操作的偏好成为服装厂老板投资决策的一个重要参考，杰克的服务优势在这个过程中体现得淋漓尽致。

2018 年之后，杰克已经不只是提供产品的制造商，更是提供成套智联解决方案的服务商。杰克基于原有的产品制造能力提供解决方案及延伸的增值服务，突破原有的产业边界，延伸或拓展到服务业的产业活动领域，对服务能力、服务标准的要求越来越高。而杰克的服务项目、服务覆盖的客户量和服务品质标准也在持续创新。

迈出国门做服务

2005年，金吕燕大学毕业，以应届生的身份加入杰克。在杰克经过4个月的学习后，2006年的春节一过，他便只身奔赴印尼，成为杰克在印尼的第一个市场代表。

到了印尼，金吕燕面对的第一家大客户是PAN BROTHER，上来就碰到了钉子。当时，杰克的代理商同时代理其他国外品牌缝纫机，不愿意推荐杰克的产品给这个客户，但是因为还有其他代理商同样代理这个缝纫机品牌，两家代理商的价格有冲突，金吕燕嗅到了机会。

金吕燕邀请PAN BROTHER老板到杰克总部参观，以产品质量和服务承诺为卖点，将杰克的产品引入PAN BROTHER的生产线，然后逐步将其他品牌的产品更换掉。凭着这股子拼劲、巧劲，金吕燕将印尼市场慢慢打开，一年之后，印尼市场的销售额突破200万美元。

那个时期，杰克综合竞争力、实力远不如高端竞品品牌，要如何才能一点一点分食市场呢？突破印尼市场后，金吕燕摸出了自己的门道。

那就是，杰克独特的服务。

杰克的服务体系是在业务实践中逐步建立起来的。如果说产品是杰克走向世界的船，服务就是杰克乘风破浪的帆。2012年底，杰克与里斯合作，重新构建服务体系。2013年底，杰克再次与里斯合作，对海外服务体系进行升级。通过对100多个国家各类市场进行深入了解，整合多方资源，加大培训力度、远程技术支持等，为海外各区域客户个性化需求提供服务。2013年之后，杰克组建了专业的海外服务团队，成立服务培训中心，为建立其"海外服务第一品牌"打下了基础。

在海外服务第一品牌的建立过程中，杰克国贸中心慢慢归纳出了国际化拓展的几条重要经验。

第一，重视海外组织及管理体系的建设。从2004年开始，杰克便开始设立海外分支机构及办事处。对重点国家，杰克派业务人员常驻，第一时间了解市场信息，制定营销策略，辅导经销商，传播杰克品牌。人员聘用实行本地化，在印度、孟加拉国、巴西等国家招聘销售和服务人员。

第二，强化人力资源和技术研发协同支持。海外人才培养不仅要给销售员传授产品知识，还要培养他们的组织管理能力和缝纫机维修技术。在人力资源和技术研发部门的强力支持下，外贸人才储备快速增加。

第三，构建全球学习型组织。将学习型组织推向全球各办事处，以绩效为导向，以人为本，优化管理制度、业务流程，使销售网络符合各个国家和地区的实际情况。

第四，打造数字化服务系统。通过数字化建设，完善CRM客户关系管理系统，为全球客户提供个性化、专业化的服务，建立和存档客户资料。同时，配合各地经销商做好终端大客户的管理和专卖店的建设，实施"金钥匙工程"。

第五，打造全球标杆工厂。将世界知名服装厂打造成标杆，利用大客户来带动中小型企业加盟，树立模范效应，提升杰克的品牌知名度和品牌形象，促进二级网络的销售。

第六，设计全球零配件配送体系。部分区域设立保税仓库，组建杰克零件配送中心，为经销商和终端客户解除配送的后顾之忧，确保高效率为用户提供高品质的产品及零配件。

当初，金吕燕初生牛犊不怕虎，刚到印尼便扎根市场，在一点一滴的探索中将杰克的产品成功进驻到 PAN BROTHER 这家大客户。他的做法是，先将少量产品投入市场，以体验的方式逐步取得信任。即便产品偶然有一些问题，杰克在全球配置的服务人员也能快速上门，高效解决问题。

产品质量不及国际竞品品牌的状况并非短期可以改变，但杰克通过服务弥补了这些短期无法改变的不足。此外，杰克能够根据客户的需求来设计个性化的产品功能，具有更高的灵活度。服务讲究速度，更讲究耐心，这是杰克构建客户关系的一大秘诀。

产品和服务是杰克推进国际化的两大制胜武器。国外竞品品牌虽然也有一套自己的服务体系，但对比杰克，缺乏灵活性，规则较呆板、烦冗，无法给客户提供快速响应与贴心的服务，这也是杰克在竞争中能够争得上风的关键。

JACK

杰克

聚焦专注

跨产业，不跨制造业

2004 年，在思想运动层面，杰克开展了"65 新长征"活动。在经营层面，杰克提出了"二次创业"，安排专人收集和分析行业龙头企业的管理实践、经营数据、战略行动等资料，并在公司内部提出了一个大胆的目标——在 2008 年成为行业前两名。

"二次创业"目标远大，成长速度要求很高。在公司内部，杰克不断加大人才梯队建设，大力推进现代化管理，从人力资源管理变革、信息化建设、品牌建设、精益生产等多方面持续发力，治理模式、供应链能力、综合运营能力不断提升。此外，积极开展并购和扩张，实施多元化战略。

在此之前的 2003 年，杰克与上海澳讯卢克接触，当时杰克没有双针机，上海澳讯卢克不仅有技术还有生产线，技术水平在全国名列前茅。在当时，双针机的需求量不断攀升，市场很大。很快，杰克就与上海澳讯卢克达成合作协议，杰克注资占上海澳讯卢克 51% 的股份，成为控股股东。合作一年后，上海澳讯卢克生产能力提高了一倍多，市场销量也不断攀升。这是杰克发展过程中的第一次收购。

2004 年，说中国市场遍地是黄金并不夸张，绝大多数企业都在寻求多元化发展，谋求企业的扩张。当时的杰克，不仅想要寻求原版图的扩张，凭借自己的技术优势、资金优势和管理优势，扩大市场，推进相关产品和相关产业的发展，而且希望通过外部扩张，以资产并购、重组的方式，拿下一些优质的资产。

阮积祥通过对企业内部和外部、行业内和行业外的研判，对企业的现状和未来进行分析，多次召开管理层会议，达成了企业发展的新战略方向：多元化发展。以融资为企业杠杆，通过资本运作和产业兼并"两条腿走路"，整合企业内外部资源，在做精做强缝纫机产业的同时，进入机床、汽配和表面处理等行业，打造"跨产业，不跨制造业"的新杰克。

所谓"跨产业"，就是多元化。而对"不跨制造业"的理解，管理层一致认为杰克的企业能力在于制造，不跨制造业，算是相关多元化。而相关多元化是一个能力过渡阶段，最终还是要走向多元化。

在这个战略方向下，杰克又明确了"二次创业"的目标：到 2008 年缝纫机产业进入行业前 2 名，其他产业通过五年的运作，进入行业前五名。

为此，杰克提出了"一主四适"的多元化原则。"一主"即进一步做大、做好、做强缝纫机主业，"四适"即适合自己、适应市场、适当时机、适当力度。

很快，杰克就找到了适合自己的多元化方向——进军机床产业。

对于进军机床产业，杰克上下进行了充分的论证。他们认为，机床符合企业未来发展的战略方向，符合"跨产业，不跨制造业"这一方针。同时，杰克的缝纫机制造也需要机床和机床技术，而杰克也具备一定的基础和制造业人才储备。

2004 年 5 月，杰克机床项目正式启动。不到 5 个月的时间，第一台 MM1320 精密外圆磨床顺利下线。杰克成为台州第一家生产磨床的公司，在台州引起了不小的轰动。

在杰克机床急需扩大生产规模之时，一个机会悄然降临。"65 新长征"路上，杰克在江西吉安遇到了开启多元化战略之后的第一个收购对象——江西吉安机床厂。吉安机床厂是一家有着 40 多年历史的国有企业，技术先进，底蕴深厚，杰克把它看作一条"休克"的鱼，认为注入资金、改善管理，就能将它激活，重新焕发光彩，前景光明。2004年12月13日，杰克机床重组江西吉安机床厂正式签约，宣告杰克实施多元化战略后第一个跨产业并购的成功。

然而，从收购上海澳讯卢克到重组江西吉安机床厂，看似取得了巨大的成功，但实际上，2003—2004年，杰克自身业务的增长速度却开始放缓，尤其是2004年，增速明显下降。对比行业内其他几家公司的增速，"二次创业"提出的目标显然相去甚远。

2004—2006年，杰克奋起直追，历经了两年的高速增长，销量跻身国内前10名，距离当初设定的"在2008年前成为国内行业前2名"的目标仅剩两年时间。同时，新进入的其他产业，达到行业前5名的目标也遥遥无期。

这让杰克上下意识到，要想实现2008年的目标，成长速度要比过去两年更快。但是，摆在杰克面前的，是一道与行业第一梯队企业间难以逾越的鸿沟。

杰克与行业第一梯队企业产品十分相似，都以平缝机、包缝机、绷缝机三机为主，都依靠经销商出货，但在渠道能力和品牌影响力上，却没有什么优势，为抢夺客户常常不惜让利，打价格战。而这样的竞争方式是巨头们最喜欢也最具优势的。

2005年，上工申贝营业收入达到了14.8亿元人民币，同比增长48.82%，斥资1.5亿元人民币全面收购了历史悠久的欧洲第二大高端缝纫机企业——德国杜克普爱华（DA）缝制机械公司，是国内缝纫机行业海外并购的第一次尝试，并计划投入1.9亿元利用DA技术建设"电脑特种工业缝纫机"，向高端缝纫机市场发起进攻。

面对严峻的市场挑战，杰克迷失了方向。

避免成长的陷阱

2007 年是房地产及金融的大热之年，全国各地房价都大幅度攀升。同时，2008 年 1 月 1 日新实施的《中华人民共和国劳动合同法》，也给制造业造成巨大影响。在这种市场状况下，对经营状况不错且有稳定现金流的制造型企业来说，主业带来的收益及市场扩张速度，诱惑力显然不够。追求赚快钱，扩规模，多元化，利用充足的现金流，甚至通过各种融资渠道，加高杠杆，投资热门行业，其短期的收益率远远超过"苦不堪言"的制造业。

缝纫机行业也面临着这样的境况，行业内当时实力很强的本土缝纫机企业不再满足于传统制造业的单一化发展，开始追求多元化的发展，加大跨领域投资。

台州一些缝纫机企业，凭借在当地龙头企业的政策和市场优势，调动大量资金用于地产、酒店和海外的投资，储备了大量的土地，在短期内获得巨大"成功"。多元化带来的收益，似乎让所有人都看到了新的企业成长空间。

2005 年，杰克全年营收 3.96 亿元，比上一年增长了近 167%，2006 年，杰克年营收突破 5 亿元，2007 年达到 5.7 亿元，增长速度不低，但依然没有达到预期，距离行业前二的目标还有不小的差距。

杰克集团董事长阮福德常年与政府人员打交道，他发现进军房地产几乎成了所有有一定规模的企业的标配性业务。杰克的发展已经有了一定的规模，现金流也非常稳定，重要的是，杰克在政府层面竞拍土地上有很大优势，不仅容易拍到地，还能拿到不错的政策。有这些条件保障，如果控制好市场风险，在如火如荼的形势下进入房地产市场几乎稳赚不赔。

2007 年，阮福德拿出了杰克"小规模进入房地产"的项目提案，计划拍下40 亩土地用于建造员工的经济适用房，提交董事会进行讨论、投票。

杰克实行董事会制度多年，经济学家许小年也担任过杰克公司的顾问，参加过杰克董事会会议。在董事会召开之前，阮福德和阮积祥提过此事，阮积祥对此没有给出明确的答案。因此，董事会的讨论表决机制成了不同意见碰撞的平台。

令人想不到的是，这个提案一经提出就遭到了董事长赵新庆的强烈反对。赵新庆提出"成为全球第一的缝制设备企业"的企业愿景，希望砍掉经营中的多余动作。他坚定地认为，杰克要回归主业，重新聚焦主赛道，专注于缝纫机的生产。

小规模进入房地产的战略就此夭折，没有在杰克引起太大的波澜。紧随而来的 2008 年全球经济危机，也印证了多元化模式并不容易驾驭。

聚焦专注

2008 年全球金融危机来袭,缝纫机行业是最早感受到冲击、体验到阵痛的行业之一。

2008 年 6 月 8 日,国家上调银行准备金 1 个点,达到 17.5%,市场原本已经有原材料价格上涨、劳动力成本升高、人民币升值等问题,具体到企业层面更加严峻。金融危机不过几个月,台州的几家缝纫机企业就陷入前所未有的困境,资金链紧张。

2008 年,很多服装加工企业纷纷停产关门,之前几百万甚至上千万元买的缝纫机设备,都以很低的价格转让出去。部分企业的资金链绷断也说明,市场的焦虑在不断蔓延。银行、民间借贷公司和关联企业资金都很紧张,这背后隐藏着一个更大的资金链危机。

杰克同样面临金融危机的影响,2008 年到 2009 年营收有所下滑,但远低于行业的下滑幅度。这场金融危机也让杰克管理层明白,只有聚焦和专注才能够更好地应对突发危机,才能够实现全球缝制设备第一品牌的愿景。

为此,杰克提出了"聚焦、专注、简单、感恩"的企业价值观。

聚焦,就是把有限的资源聚焦到某一个品类上去发力。简单来说,就是要明白"少即是多"的道理,就像种一棵树,想这棵树长得更加高大,就要砍掉多余的枝丫,把下面的杂草除掉。

战略聚焦后,杰克上下的思路再次变得清晰,运作和执行起来非常高效,不再天天纠结如何做经营选择，而是全力以赴去执行，去重复做一件事，在重复做的过程中积聚新的力量。

专注，是全身心地投入到这一个品类中，把它做大做强。要专注到什么程度呢？就是真正把缝纫机当作终其一生的事业。哪怕是一份拧螺丝钉的工作，也要把它当成一份事业，专注研究，成就更高的效率。每个人的精力是有限的，把全部的精力专注在一个地方、一件事上，总有一天会成功。

简单，就是复杂的事情简单做，简单的事情重复做，重复的事情用心做，用心的事情坚持做，坚持的事情做到极致。

感恩，就是一种回报，乐于把得到好处的感激呈现出来且回馈他人。

随着这些价值观的提出和践行，杰克也开始重新回归主航道，追求核心业务的有效增长。

JACK
杰克
全球化先锋

出海先锋

1996 年，飞球产品漂洋过海到美国参展，却遭遇了文化差异的尴尬，因为飞球的中文拼音"Feiqiu"，与美国一个骂人的词读音非常相近，导致飞球的产品无人问津。

但是，把产品卖到国外是杰克最初制定的营销策略，也是阮氏三兄弟创办"飞球"的初衷。

当时，台州多数的缝纫机企业主要市场都是面向国外，杰克的业务不仅面向国内市场，也拓展了国外市场。阮积祥是杰克历史上第一个单枪匹马闯海外的营销人员。

那时，出海并没有那么多的顾虑，只有敢与不敢的问题。多数人认为，只要敢于出海，就能拿到市场机会。

对此，阮积祥有着自己独特的认知：第一步，先走出去，不要怕出现问题；第二步，走出去遇到困难怎么办？只要坚定信心，任何问题都能够在实践中解决。

1996 年，杰克并不具备外贸资质，商品挂靠在台州的一家贸易公司，这是当时比较通用的"借船出海"的外贸方式。

1999 年，杰克开始组建自己的国际贸易部，最初只有 2 名员工。这个阶段，杰克从依赖外贸公司，开始逐步接触客户，通过线上交易的方式，探索并储备外贸人才。

2001 年，经过半年多的调研和深度探讨，杰克正式将飞球商标更换为 JACK。这个动作，标志着杰克在全球化道路上迈出了意义非凡的一步。

杰克的全球化发展历程主要经历了三个发展阶段，即国际贸易阶段（1999—2004 年）、国际化阶段（2004—2009 年）和全球化阶段（2009—至今）。其中，从国际贸易转型到国际化运作，最核心的变化是从"有什么产品，卖什么产品"转型为"市场需要什么产品，就卖什么产品"，也就是要实现根据当地市场情况，进行本地化调研，开发出满足当地市场需求的新品类、新产品。

2004 年底，郑海涛作为杰克国际化运作的先锋，走进印度，在印度建立起杰克首个海外办事处。

图 3-5　杰克产品在海外服装工厂的使用

第一站为什么选择印度市场？

印度与中国都属于发展中国家，人口众多，市场足够广阔。在当时，杰克的主要海外销售市场是南美洲的巴西，其次就是印度。开发印度市场，不仅需要考虑规模，更需要考虑未来的发展前景。

印度的新德里、孟买、班加罗尔、加尔各答等地都有重要的纺织中心，郑海涛的首要任务是找到服装厂用户并深入了解他们，因为对当地服装产业有影响力的代理商，他们对用户需求的理解、对产品的理解，不是贸易型的代理商能比的。

当时印度最大的缝纫机代理商IIGM，是班加罗尔一家非常成功的综合性缝纫设备代理商，与中大型服装工厂有着非常紧密的合作，在攻关大型服装工厂方面有着非常丰富的经验。只要把这家公司搞定，就意味着杰克深入终端市场的初步成功，能为"市场需要什么产品，就卖什么产品"打下良好的基础。

郑海涛通过各种关系和途径，好不容易联系到这家公司的老板，但只聊了3分钟，IIGM老板就表示："我们这么多年从来没有跟中国企业做过生意，你看我代理的设备全部是日本的、德国的、美国的，没有任何中国的商品，我为什么要卖中国的商品？"

IIGM老板不相信中国人能把产品做好，认为几乎没有合作的可能性。出于礼貌，IIGM老板让技术经理接待了郑海涛。

郑海涛和技术经理的关系热络后，在不断地进行技术交流的过程中，他们很快变成了无话不说的朋友。后来，他通过技术经理又联系上了IIGM的销售经理，和他也建立了良好的关系。

打开IIGM的转机是在IIGM老板的儿子从美国留学回来加入公司后。

当时，技术经理告诉郑海涛，老板儿子从美国回来了，负责公司的销售。

老板的儿子有中国情结，对中国文化十分神往，胳膊上还纹了一条龙。郑海涛跟他接触后，发现IIGM的少东家对中国非常友善，还因父亲不跟中国做生意吵过几次。

与郑海涛接触几次后，IIGM的少东家和他父亲沟通，强力推荐与中国企业接触，他认为，中国品牌必然会替代日本品牌，在中国市场已经如此，在海外市场也会如此，只是时间的问题。谁先与中国品牌合作，谁就能占得先机。

当时，国内有几个品牌在印度也有固定市场，还较为强势，以品牌实力论，杰克只能排在第三，IIGM也面临着选择。

IIGM老板与郑海涛正式接触就提出了苛刻的条件，尤其是在价格、付款条件及广告支持上，并且一再强调，在印度市场，就算是其他的大品牌也必须答应他这些要求。

郑海涛没有马上否定他的所有要求，先是介绍了杰克在这几个方面的政策，并把杰克与国外其他企业的产品做了比较。郑海涛强调，并不是其他企业能接受的条件杰克就一定会接受，同行的产品固然不错，但中国的产品也有独特的优势。IIGM老板没有接受他的条件，大手一挥表示此事就此了结。郑海涛保持着最大的克制，告诉对方："基于我们良好的合作意愿，我会回去再做研究，也希望您能重新考虑，但若不能合作也没关系，这样的交流对我们也是有益的。"

后来，郑海涛得知IIGM老板想到中国考察，他第一时间过去帮助出谋划策，并邀请他们去台州。他坦率地告诉对方，中国的缝纫机工厂有几百家，上规模的也有10多家，但如果IIGM要选择一家作为长久的合作伙伴，可以到中国台州走一走，那里是世界缝纫机最集中的生产基地。郑海涛还主动提出，IIGM在中国的行程他不干扰，但是可以提供服务，包括提供车、提供驾驶员、安排酒店……全程都由他安排。

IIGM 的少东家早就希望到中国走一走、看一看，郑海涛这一邀请，正中下怀。于是，IIGM 老板、少东家、技术经理、销售经理一行四人来到了台州。

双方后续的合作十分顺利，印度市场的销售额也开始逐渐往上走，杰克的海外市场也由此撕开了口子。从南亚开始，越南、孟加拉国、斯里兰卡、柬埔寨的市场逐步开拓，到东南亚的印尼、菲律宾、马来西亚，再到非洲的埃及，西亚的伊朗、土耳其，中亚的哈萨克斯坦……160 多个国家和地区逐步进入杰克的市场范围。

全球化的治理探索

2001 年，中国加入 WTO。2002 年，中国企业就开始了海外并购潮。2005 年，联想并购 IBM 的个人电脑业务，成为中国企业并购海外企业的标志性事件。中国企业海外并购的规模也从 2002 年的 2 亿美元，达到了 2008 年的 205 亿美元。中国企业的出海趋势越来越明显，购买力增强，政府的支持力度也越来越大。不过，并购规模并不代表着并购后交割、整合及运营的成功。并购之后完善治理规范，并成功实现品牌、产品、技术等多方面的转移则更不容易。

并购成功的基本前提是清晰的战略导向，即企业的并购目的要明确，要与企业战略相匹配，不是为了并购而并购。不管是跨国并购还是国内并购，道理都一样。海外并购后的治理要求更高，并购后组建的新企业朝什么方向发展至关重要。盲目、冲动地进行并购，结果只有失败。企业的长期治理，是一个无数关键因素叠加、相互作用的工程，没有合理高效的方式，失败是必然。

在这些方面，杰克的目标非常清晰，那就是聚焦、专注于缝制设备行业。再明确一下，那就是瞄准具有国际竞争力的品牌及其背后的创新领先技术，以此弥补杰克的短板。抛弃多元化，专注于主航道，构建战略控制点，是杰克并购的主要战略导向。

对中国企业而言，一些欧美发达国家的制造业长期走在行业前列。改革开放之后，中国企业在全球快速崛起，取得了巨大成功。中国企业收购欧美企业需要强大的自信。否则，缺乏治理的底气，收购后想要经营成功难如登天。欧美企业的民族观念、技术保守理念、排外情绪，让他们打心底认为，中国企业收购欧美企业就是为了偷技术，从而内心不服。很多海外企业认为："我们都搞不定，你们能搞好？"所以，没有自信，中国企业出海很难取得成功。

并购成功不等于股权交割成功，而是企业运营、融合的成功。在这方面，杰克也遇到了文化差异、理念不同、管理困难、营销困难、技术转移抵制、国际人才缺乏等方面的问题。杰克也是在逐步摸索中不断完善，并取得了阶段性的成果。

① 寻找最合适的并购人选，保证绝对的控股地位。

"放权聚心，散钱聚人"，杰克管理层在与职业经理人的相处中，经常用到这八个字。这八个字对于并购国际企业同样适用。

国内并购的经验和并购百福失败的教训，让杰克在并购之前非常谨慎。并购奔马前，杰克先收购了拓卡公司，再通过拓卡并购奔马。拓卡的总经理Anton Stahl 在裁床行业有 30 年工作经验，在奔马做了 5 年的总经理，对裁床和奔马都非常了解，通过他能最大限度地保证奔马并购中主要人员的选用和各种资产的清算。并购成功之后，杰克直接让他做了拓卡奔马的总经理，给予他足够的信任和权力，让他能够快速启动拓卡奔马的运营。

在并购前，杰克已经与 Anton Stahl 达成一致，奔马收购完成以后，由杰克和 Anton Stahl 共同运作拓卡奔马，杰克占 75% 的股份，Anton Stahl 占 25%。杰克掌握了绝对的控股权。

② 精准制定决策流程机制，不设监事会。

欧洲国家福利待遇优厚，企业工会非常强势。杰克是以非承债的方式收购奔马的，就是不承担奔马的债务，也不涉及人员安置问题。奔马原本有 130 多人，杰克在收购谈判中明确要求，只保留核心人员。这在谈判中异常困难，因为涉及裁员问题。

为了保证收购后能够顺利运营，收购前，杰克坚持要求把人员数量降到最低，控制成本。同时也承诺，随着企业的发展，如若重新招聘，会优先雇用这些离开的人员。经过几年的运营，拓卡奔马的发展逐渐向好，员工增加了许多，从100人左右增加到了140多人。

德国法律规定，150人以下的企业和AG公司（股份有限公司）可以不成立监事会，所以公司的注册形式并非股份有限公司，而是有限责任公司，只需要设立一个董事作为法定代表人即可。在德国，董事会的权力不是最大的，决策权都在监事会手中。这是很痛苦的一件事情，别说拥有75%的股份，就是有100%的股份都没有用。在最终谈判中杰克取得了不设监事会的决策机制，保证了杰克对公司的绝对控制权。

工会是国外并购绕不过的坎。在充分考察了当地的情况后，杰克发现，奔马公司的工会并没有加入一级工会，而是二级工会，相对弱势。对工会成员进行深度了解后，杰克先和工会主席进行了充分沟通，达成一致后，通过他的推荐，邀请几位相对好沟通的员工加入工会。这样一来，工会既能维护员工利益，也会站在资方立场考虑问题，使劳资双方的关系得到很好的缓和，对后续中外融合起到巨大的推动作用。

③ 充分放权后有效监管和整合。

收购完成后，由奔马公司德方总经理全权负责企业管理和运营，杰克派专人监管财务，保持与杰克总部的沟通。阮积祥认为，跨国公司既要充分放权，更要有效监管，尤其对企业运营信息要充分了解，对财务要有效监管，包括资金的风险、物资的管控等。这样既保证了德方总经理的独立运营权，也方便杰克总部能够及时调整策略。

2012 年，在并购后的第三年，杰克更换了德方总经理，聘请拓卡原总经理 Anton Stahl 为企业顾问，将一位年仅 38 岁的副总经理提拔为奔马的负责人。这更符合杰克用年轻人的理念，更具开拓精神。在此基础上，杰克提出了"一个奔马"的理念，德国、中国互融互通，统一管理。奔马中方总经理由熟悉海外业务的郑海涛担任，同时兼任德方副总经理，德国的管理人员也要兼任奔马中国的一些职务，交叉工作，形成新的管理团队和管理模式，强化营销、研发、采购、管理上的协同，确保中德信息畅通。中德两边的总经理都比较年轻，在战略统一的前提下，杰克放手让年轻人去干事创业。

④ 从企业文化到跨国文化差异的融合。

杰克管理层相信，文化上的理解、尊重与交融是跨国并购的基础，文化融合成功，企业运营就不会偏离航道。并购不到两个月，杰克把德国奔马公司的工会主席、部门经理等 10 余人请到中国，游长城、看故宫……让他们了解中国文化和中国的发展。他们中的很多人都是第一次来中国，对中国的印象有了非常大的改观。在 10 多天的时间里，双方团队打成了一片（图 3-6）。

每次到德国，或者在每年的圣诞节，阮积祥都会给德国公司员工送一些具有中国传统文化特色的礼物。收购后第一年的圣诞节，阮积祥给德国公司的员工每人都送了筷子和碗，阮积祥想让他们知道："你们现在也是中国企业的员工了，也要学学用筷子。"对德国人来讲，礼物不在价高，情谊更重要，德国人非常看重这些。

担任奔马德方副总经理的时候，郑海涛尝试了各种文化融合方式。首先，在德国企业中，员工的工作时间和生活时间区分非常清晰，员工上班时高效工作，下班后手机关机，不处理任何工作事务，这需要中国管理者适应；其次，

图 3-6　拓卡奔马员工在德国厂区合影

德国员工很少在非工作时间与中方人员接触，因此，文化融合难度很大。

　　仔细观察后郑海涛发现，事实上并非德国员工不愿意与中国人接触，而是他们缺乏主动社交的能力。他们并不排斥社交，这些德国员工都有自己的运动爱好，很多人的爱好甚至达到了专业选手水平，具备参加奥运会的能力。为此，郑海涛选择主动出击，在德国期间，每个周末他都会带着礼物和美食到德国员工的家中，和他们一起吃喝玩乐，气氛非常融洽。这些德国员工对文化融合也很重视，送给他们的礼物，都摆放在自己的办公位置，非常珍惜。

　　当然，除了人情关系上的维护，德国人看到的是，奔马确实在不断发展壮大，这让他们内心感到安定、心态安稳，扭转了之前以为中国人"偷"了技术就会关掉工厂的想法。

JACK
杰克

战略与市场洞察

战略与市场洞察

在华为，战略工作有两项鲜为人知的创新：以虚击实和针锋相对。以虚击实指的是战略务虚会，针锋相对指的则是华为的蓝军参谋部。

战略务虚会是老板思想的发动机。每次战略务虚会都会确定一个主题，参加人数十几人到几十人不等，地点大多选在风景区，目的是让参会人员放松神经，进行头脑风暴，畅所欲言。战略务虚会持续两天，第一天争吵辩论，第二天根据几种主要的观点形成纪要。形成的纪要并非定论，从纪要到真正形成决议还要经历反复讨论。

蓝军参谋部是华为战略与发展委员会下设的一个特殊机构，主要任务就是唱反调，类似古时候朝廷里的谏议大夫或御史大夫。蓝军参谋部会虚拟各种对抗性声音，模拟各种可能产生的信号，甚至提出一些危言耸听的警告。

杰克内部也经常有反对、争吵的声音，他们就是类似华为蓝军参谋部这样的角色。

曾子有言："用师者王，用友者霸，用徒者亡。"

许小年就是杰克的蓝军参谋之一，他也是一个师者，有独特的价值观。因为视角不同，考虑问题的角度也不同，他能够看得更远，从更高的维度提出不同看法。除许小年之外，在杰克的发展过程中，还有不少类似许小年这样的角色，他们大多以独立董事的身份出现在杰克的董事会上，比如田民裕、谢获宝、韩洪灵、陈威如、王苗等。

如果说许小年、田民裕等是师者，偶尔充当蓝军参谋，那么还有一个非常重要的角色，那就是辅导项目变革的管理咨询机构。这个角色不同于师者，不仅要有行业视角，也要有专业视角，是一个"外脑"的角色。

对一家企业来说，管理咨询机构充当的到底是什么角色，不同的公司有不同的答案。华为的定调是为自己请一位老师。从杰克的发展来看，管理咨询机构既有老师的属性，也有朋友的属性。多年以来，杰克的壮大过程也是一个与管理咨询机构协同合作的过程。在杰克的不同发展阶段，不同的管理咨询公司都在杰克身后发挥着不可忽视的作用。

2020年12月，在乔诺的战略训战课程上，杰克核心团队成员在咨询老师的辅导下，尝试通过BLM战略模型，制定杰克2021年的BP。

在制定过程中，老板不能主导，也不能参与，但事后必须点评。为此，团队成员进行了激烈的讨论，从下午6点开始，争吵讨论了整整一个晚上。到第二天早上，团队成员终于达成了一个共识：2021年杰克要实现70%～100%的业务同比增长，70%是基础目标，100%是挑战目标。未能参加战略制定的阮积祥对这个目标非常满意。

这个目标是这样制定出来的：通过"五看三定"的洞察，找到各个层面的战略机会点，然后汇总分析，找到最主要的几个战略机会点，制定作战地图。

"五看"：对行业与趋势的洞察；对市场和客户的洞察；对竞争对手的洞察；对自身的洞察；对机会的洞察。

对行业和趋势的洞察是从宏观角度出发，思考的问题包括：怎么看待国家层面的政治、经济、文化、社会等方面的变化与发展趋势？这些趋势将给行业带来什么样的影响与变化？整个产业未来的技术发展趋势是怎样的？会发生哪些变化？战略就是要"闻"到有钱味的地方。

下一层是洞察市场、客户和竞争对手。客户是谁？客户想买什么？需求是什么？不仅要弄清这些问题，还要了解客户未来五年的发展战略是什么，在客户的发展战略中存在哪些痛点等。通过深入研究，就会发现很多战略机会点。

所谓知己知彼，百战不殆。在未来，企业的竞争对手会有什么样的发展战略？它的定位是什么？毕竟，竞争对手真正强大的地方，不仅仅是产品，产品强大只是结果，更重要的是影响这一结果的因素。所以，要通过对客户与竞争对手的洞察，更好地发掘自身优势，弥补内在的不足，通过SMART分析模型，明确企业的挑战与机遇。

做好战略洞察，首先需要发现很多机会点，这是加法；其次是掂量自己，剔除弱势业务，做减法；最后就是输出具体化的战略机会点。

"三定"：定战略控制点；定目标；定策略。

"三定"最重要的是定战略控制点。战略控制点可以简单地理解成一种不易构建，但也不易被模仿和被超越的中长期竞争力。在此基础上，定目标和定策略可以清晰企业的业务重点排序。

"五看三定"本身就是一个充分讨论、共创，上下达成共识，横向拉通的过程。可以帮助团队内部在路径选择上达成一致。路径一旦确定，战略与资源配置便有了清晰的指向，组织、考核与执行管理层面也须一一对齐，确保战略的落地。

这套方法的第一次应用，就得出了100%的增长目标，尽管所有人都贡献了自己的智慧，但第一次尝试还是让参与制定的人心中不是那么确定。因为在过去20多年的发展过程中，杰克从来没有制定过100%的增长目标，即便2010年杰克实现了141%的同比增长，但在达成之前，大家并没有设定清晰明确的高目标。可以说，"五看三定"的洞察掀开了杰克发展新的天花板。

核心能力的构建

一个企业从 0 到 1 亿元，早期的"野蛮"增长，很大程度上靠市场中的机会或企业家的个人能力。年营收从 1 亿元到 10 亿元，靠的就不仅仅是个人能力和市场机会了，而且包括产业链条庞大的制造企业，从研发、采购、生产到营销渠道布局、市场管理等，在企业发展的每个阶段，这些环节都是驱动增长的轮子，任何一个轮子严重缺损，无法支撑，企业就会停止前进甚至垮掉。

杰克前期的发展壮大得益于精益化管理。杰克从来不吝啬在管理上投入，先后斥巨资导入SAP-ERP、IPD集成研发等各种先进的理念和辅导项目，还导入了精益六西格玛、精益信息化等管理方法，通过消除浪费、消除变异、流程重构、推进柔性生产等改善现场，做到了成本最低化、人员最少化、流程最简化、服务最优化、效益最大化。

杰克推进各种辅导项目，目的就是提升和储备企业在不同发展阶段的能力，应对不同的困难与挑战。这些问题不解决，就会成为阻碍杰克发展的障碍，而能力的提升与储备将为杰克的可持续发展提供原动力。

杰克的年营收从 2002 年的 1 亿元，到 2010 年突破 10 亿元，再到 2018 年突破 40 亿元，2021 年突破 60 亿元，这不仅是简单的数字提升，更是通过项目变革达成企业能力的提升。企业的成长，本质上是一种时间效率竞赛，全凭自我探索成长的企业，很难在机会窗口突破不同发展阶段的瓶颈，被淘汰只是时间问题。要想实现持续突破和增长，需要借鉴他人的经验，其中外来的智慧尤为重要。

　　杰克很早就开始与咨询公司合作，学习华为，引入 IPD 变革等各种管理工具与管理项目。虽然缝纫机行业的市场规模和电子信息行业无法相提并论，但企业管理的底层逻辑是相通的。杰克早期向华为学习，不是学习 8588 亿元时的华为，而是学习引入 IPD 变革、财经管理变革、集成供应链变革等时期的华为。学习华为如何面临成长期规模扩张后遭遇的混乱，学习任正非如何思考扩张与有序增长，如何在乱局中抓主要矛盾，如何以壮士断腕的勇气建立规则，使得企业与企业家的关系从"企业家的企业"走向"企业的企业家"。

　　2008 年金融危机，杰克在人员招聘上有所收缩，但在研发的投入上却并未缩减。2009 年，在一年一度的中国国际缝制设备展览会上，杰克参展的新品被中国轻工业联合会会长步正发和中国缝纫机协会理事长田民裕连连称赞，田民裕称其为全行业研发新品数量最多、科技含量最高、产品结构最合理的缝制设备生产企业。同年，杰克开始与中国服装协会合作，重金投入 2000 万元，冠名服装品牌年度大奖。2009 年，正是全球金融危机低谷期。在外界看来，在这个特殊的时间段投入如此大的广告宣传费用，风险不小。杰克考虑的却是，在市场触底的时候，别的企业都在收缩潜伏，杰克却大量投入市场营销、产品推广，反而更容易赢得市场和客户的青睐和肯定，更能彰显杰克的品牌和实力。

　　2002 年之后，杰克开始从制造驱动逐步向营销驱动转换。行业周期下滑的特殊时期更是营销发力的关键时刻。如果说 2002 年到 2005 年是杰克管理驱动的播种阶段，那 2006 年到 2007 年就是杰克客户驱动的播种阶段，2008 年到 2009 年则是杰克营销驱动的播种阶段。

　　行业里有这样一种说法，杰克在 2010 年成为行业的隐形冠军并非靠主动出击打败了行业前辈。这种说法显然没有认清楚商业经营的逻辑，因为并非主动出击打败对手才是胜利。

2010 年的隐形冠军之战，是企业能力比拼最好的试金石。这里边没有刀光剑影，有的是供应商、经销商、内部产业工人、管理团队等的多方位协同。不要小看协同，这是集成能力最基本的体现，而集成能力便是战略与市场洞察能力的体现。这里边包含无数因素。如果杰克没有在 2009 年收购拓卡奔马，就不会有品牌声誉的加持；如果杰克没有稳健的现金流，提前支付供应商货款，就会导致供货不足，高速增长也可能化为乌有；如果没有经销商的进取之心，那么"上下同欲"就是一句空话。

检验一家企业是否真正具备隐形冠军的实力，最好的试金石是时间。这么多人在盯着杰克，觊觎这个位置，站上去可能需要机会，但坐稳这个位置只能靠企业的能力。

2018 年和 2021 年杰克的高速增长，表面上是对市场机遇的把握，背后隐藏的是企业核心能力的提升。这些看不见的能力的提升，可能仅仅体现在对某一个战略的洞察、对某一个机会的把握、对某一个风险的预判，以及与某些客户关系的健康维护。一个企业的成长驱动在不同时期会不断变换，但企业能力的提升也有基本的规律，从制造驱动到营销驱动，再到研发驱动，最后到品牌驱动，其背后是不同的模块能力的成长。只有这样，企业的底盘才会越来越稳，企业的路才会越走越宽。

JACK
杰克

技术创新

创新构建战略控制点

企业形成核心竞争力的过程就是战略控制点一级一级提升的过程，不同层级的战略控制点代表企业不同的竞争力层级。构建战略控制点，创新是核心命门。

彼得·德鲁克说，创新是企业存在的价值。他在《创新与创业精神》一书中指出，创新要从点滴小事做起。创新包括很多类型，比如产品创新、服务创新、流程创新、组织创新、人才创新、管理创新等。创新不是单纯的颠覆，也不是凭空创造，更多的时候是站在巨人的肩膀上，基于过往，进行点滴的创新。

点滴创新的累积能够提升战略控制能力。比如降低成本需要通过一点一滴的管理创新和流程控制创新等来实现。

无论在哪一个领域，服务、管理、人才、流程、产品的创新只有积累到一定程度才会发生质变，才能形成战略控制点。但创新到了一定的高度，又会遇到瓶颈。就像电子产品，发展到今天，似乎创新的空间已经很有限了，但创新永无止境。创新到一定阶段，可能需要从更多的纬度去挖掘，去结合创造。

杰克刚刚进入工业缝纫机领域的时候，一台国产工业缝纫机的售价在5000元到6000元之间，一台国外企业生产的工业缝纫机售价则在6000元到8000元之间，而且市场上一机难求。经过十几年的发展，杰克的主力机型A4售价下降到了每台2800元左右，售价降了一半多，销量却翻了十几倍。

成本的下降仰赖创新。在成本创新这条路上，杰克几乎走了与马斯克的太空探索技术公司（SpaceX）和特斯拉（Tesla）一样的道路。从技术创新，到自主研发生产核心的电机电控元件，杰克在产业链的上下游不断深耕，一点一滴构建战略控制点，不断提升发展的驱动能力。

创新不仅仅是技术的创新。美国经济学家约瑟夫·熊彼特在《经济发展理论》中指出，创新是把一种从来没有过的关于生产要素的"新组合"引入生产体系。这种生产领域的创新，被广泛应用于商业经营活动中。从产品创新到服务创新、业务流程创新、组织创新、人才管理创新等，每一项创新都能带来生产效率的提高、成本的下降，以及品牌价值的提升。杰克从走上现代化企业管理的道路之后，就在不断尝试变革，始终走在创新的路上。

当然，在缝纫机行业，所有从业人员都希望通过技术创新给行业带来重大突破。中国的工业体系不像德国，未曾经历电气化、自动化阶段，直接进入了数字化、智能化阶段，并希望以此实现弯道超车。虽然缝纫机行业在不断集聚创新资源，整合创新要素，创新能力也在不断增强，但依然存在着需要攻克的创新难题。

由于缝制设备产业链长且复杂，配套要求又高，在共性创新系统的全面性、复杂性、灵活性等方面比其他行业都有更高的要求。行业内大多数企业都难以实现行业内协同联动作战，杰克是行业内少有的、有能力带动缝纫机产业高质量发展的"排头兵"企业，并且杰克在人才储备、技术储备及产业的完备度上，都具备厚积薄发的可能性。

战略控制的进阶

战略控制点中最基础的层级，即第一个层级是拥有商品，第二个层级是控制平均成本，第三个层级是具有 10%～20% 的成本领先优势。

构建具有竞争力的成本优势，是杰克从一开始就明确的目标。从 2004 年开始，杰克就不断引入管理创新工具及 SAP-ERP、CRM 等国际先进的信息系统管理工具，旨在加强内部效率、效益、效能的不断提升。通过管理理念的学习与创新工具的应用，实现管理的创新与提升，如精益生产系统（Lean Production System，TPS）管理方法、平衡计分卡（Balanced Score Card，BSC）绩效考核体系、集成产品开发（Integrated Product Development，IPD）体系、阿米巴经营管理模式等。

2002 年，杰克导入 TPS 管理方法，有效提高了产量、降低了库存，并提高了设备使用率，通过消除浪费，不断降低生产成本。2010 年，杰克再次深化 TPS 管理方法，用了 3 年左右的时间，在公司全面构建起精益管理体系。当时，公司有 40 多人专门从事精益生产，持续推进设备自动化的改造与提升，推动工艺流程、员工操作方式的简化等工作，不断增强企业成本领先的优势。2013 年，杰克在行业内首创内部"精益道场"，由培训教学向实操模拟、实践体验转变。2014 年，杰克引入仓储管理系统（Warehouse Management System，WMS）、供应商关系管理（Supplier Relationship Management，SRM），实现了供应商端的数据拉通，进一步降低库存量。

2016 年，杰克引入 APS、MES 系统，实现订单、生产、库存等相关数据的集成化，系统以销售订单为单位，根据有限产能自动生成各车间生产计划和相应采购计划，并根据下达的生产计划需求，提前对库存量进行预警。在生成生产计划的同时，系统会自动计算出订单交货期，并对各销售订单生产完成情况进行实时监控。APS、MES 系统不仅可以优化企业生产制造管理模式，还能使企业生产管理更加精细化。

除了通过管理提高生产效率，在供应链的协同和控制上，杰克还在不断降低成本。2008 年，杰克控股众邦机电，在缝制设备核心控制系统上拥有了自主研发和生产能力。同时，通过对供应链体系持续牵引协同，杰克将供应商纳入精益管理体系，协同提质增效。

战略控制点的第四个层级是产品功能、性能、品质的领先。

缝纫机行业经历了 200 多年的发展，从德国、意大利、美国转移到日本、

杰克精益发展史

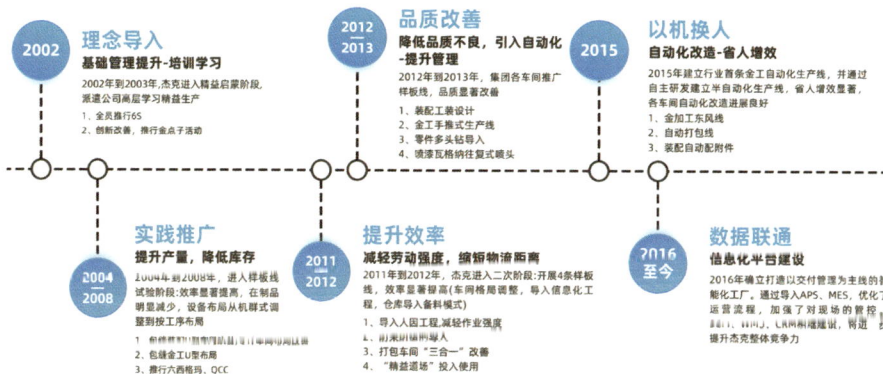

图 3-7　杰克精益发展史

韩国、中国台湾，再转移到中国大陆。在多轮的竞争之后，浙江台州成为中国缝制设备之都，成为世界缝纫机的核心产区。从功能、性能和品质的角度看，中国缝纫机一直具有相对领先的优势。杰克的产品同样如此，迅利IIE、A4，以及后续的A5、A7、C4、C5、"快反王"、M5、M9都是行业的爆款产品，而这些产品在功能和性能上都具有领先优势。

一件衣服从棉花到纤维，再到织布、染色和成衣，中间要经过几十甚至上百道工序，纺织业也因此成为最具代表性的劳动密集型产业。中国具有广阔的市场和坚实的产业链基础，这给杰克提供了广阔的试验田。在提出成套智联概念之后，杰克深入洞察市场，根据客户痛点与需求，持续加大产品技术研发与创新，不断推出新的应用场景解决方案，赋能服装产业数字化、智能化升级，这也是杰克构建战略控制点的巨大优势。

战略控制点的第五个层级是技术领先一年。

华为的5G技术是非常好的例证。华为每年投入总营收的10%—12%作为研发费用，这让华为的研发投入在世界所有企业里名列前茅，而且让华为招揽到全球各类顶级人才，包括科学家、数学家。也正是这样，华为才有底气对外宣称，华为的5G领先世界1—2年时间。

从研发和人才投入的角度看，杰克每年拿出公司总营收的7%以上作为研发费用，这个投入比例在缝纫机行业中占比最高。2018年，杰克的科技人才数量已经接近1000人，这比行业其他企业所有的科技人才加起来还要多。随着杰克向成套智联解决方案服务商转型，杰克的科技人才数量仍在不断攀升。

毫无疑问，作为集面辅料仓储、智能验布、智能裁剪、吊挂缝纫、后道分拣、成品仓储，以及APS、MES、WMS等软硬件为一体的成套智联服务商，面对纺织服装产业的需求，杰克在数字化创新和实践层面远远走在行业前列。

值得一提的是技术领先的另外一面，即工艺品质的稳定。

众所周知，提高产品的质量和品质并非易事。单就合格率而言，将产品的合格率从 99% 提升到 99.99% 所耗费的时间和精力，与把合格率从 70% 提高到 99% 所耗费的时间与精力，几乎完全相同。甚至将合格率从 70% 提升到 99% 只需要 10 年，而将合格率从 99% 提升到 99.99% 可能要耗费 20 年，甚至 30 年。在客户的要求和市场的驱动下，实现前一种提升并不困难，然而要实现后一种提升，追求极致的品质，必须有源自内心的坚定动力。不只是中国的缝纫机企业，大多数中国制造企业都面临这个问题。

战略控制点的第六个层级，拥有品牌。

杰克从制造驱动、营销驱动到研发驱动，再到 2018 年成为全球隐形冠军之后，开始向品牌驱动转变。不过，这并不代表杰克已经成为一个绝对强势的品牌，毕竟打造品牌是一项长期工程。杰克已经具备强大的综合实力和行业内的领先地位，但要成为第一品牌，还有一段路要走。

战略控制点的第七个层级是客户关系。

如果说品牌是企业在用户心理安全区占据的一个位置，那么客户关系本质上是客户对企业的忠诚度和依赖程度。这种忠诚度和依赖程度，取决于企业能向客户提供怎样独特的不可替代的价值。在杰克的核心价值观里，"客户第一，快速服务"被排在首要位置，这是杰克向客户传递的最重要的价值。

华为和运营商之间的客户关系牢不可破，因为华为不仅给客户提供设备、整体解决方案，还给客户提供代维服务。甲骨文公司极强的客户关系在于它的数据库具有极强的安全性和稳定性，客户对它有较大的依赖和忠诚度。

客户关系是 To B 类企业一个重要的战略控制点。2020 年，杰克向成套智联解决方案服务商转型，重新构建了自己的客户关系体系。随着杰克的战略转型和业务形态的变革，杰克的客户关系也将进一步改善。

战略控制点的第八个层级是占据绝对市场份额。

经过 2021 年的一役，杰克占据了全球 20% 的市场份额，杰克的产量占据全球缝制行业产量的 30%，杰克的销售额占据 8 家全球缝制设备上市公司销售总额的 38%。市场份额很大程度上决定了成本的领先和赢家通吃。

一个典型的案例是亚马逊的云业务，亚马逊构建的机器人即服务（Robot-as-a-Service，RaaS）在美国的市场份额已经超过 50%，可以预估未来它的市场份额能占到 70%。绝对的市场份额意味着定价权，而定价权则是基本利润的保证。

战略控制点的两个最高层级是价值链控制和拥有标准。

所谓价值链控制，是将整个产业链中价值最高的模块牢牢掌握在自己的手中。比如美国的英特尔公司，通过与微软构建文泰来（Wintel）联盟，把价值链牢牢地控制在手里。在服务器产业链，服务器的一颗芯片卖到了 500～600 美元。本来，英特尔可以直接生产一台服务器卖给客户，然而，英特尔并没有这么做，而是只卖核心的服务器芯片，其他部分让合作伙伴来做。但整个服务器的发布节奏、性能、规格、功能，大部分都控制在英特尔手中，这是一种典型的价值链控制。

价值链控制和拥有标准是一对孪生兄弟。拥有标准和专利组合意味着绝对的核心竞争力。

高通拥有无线的 3G、4G 技术标准，即使到现在，绝大部分做手机的公司每年都需要向高通缴纳高额的专利费。高通在 4G 空口协议部分拥有非常强大的标准。同样，华为在无线空口部分拥有的标准也非常强大，苹果每年需要向华为交 10 亿美元的专利费用。

缝纫机行业竞争的激烈程度在不断增加。以传统缝纫机的科技含量，还没有一家企业可以声称自己已经具备了价值链控制的能力。从未来的数字化、智能化发展趋势来看，也没有任何一家企业掌控了价值链的关键。杰克具有无可比拟的基本优势，但是，从成套解决方案的客户层面来看，杰克还处于爬坡阶段。

推动产业链的升级

台州市缝制机械起步于 20 世纪 80 年代，台州缝制企业基本上沿着台州民营经济发展的轨迹一路快速成长。

2010 年是一个转折点，缝纫机行业的黄金时代过去，进入了白银时代，竞争的维度再次升级。同时，行业的市场情况也开始逐步呈现更明显的周期性，周期的波动也有所变化。

缝制设备整机生产商的竞争压力更大，市场竞争更加激烈，整个产业链的竞争格局也开始变化。缝制设备按产业链可以分为上游、中游、下游三个环节。其中，缝制设备产业链上游主要指制造缝制设备需要的原材料和零部件供应商，中游是缝制设备整机制造商，下游则是消费品（如服饰、箱包、家具）等生产企业。

如果说 2010 年之前，整个缝纫机产业都依靠中国工业制造这一高速列车的惯性快速增长。那么，2010 年之后，中国缝制机械产业开始迎来真正全面、充分的竞争市场。以台州为例，缝纫机产业集群、产业链都在这一时期再次升级。

台州的模具生产、机壳制造、热处理、零件精细加工、电机电控制造、整机装配、产品包装运输等环节逐步完善，形成了相对完整的缝制机械产业链。从家用缝纫机到工业缝纫机、裁铺设备、刺绣设备、熨烫设备、电控系统，以及各种类型的零部件等，产业链逐步完善。工业缝纫机（平、包、绷、钉扣、曲折缝、暗缝、多针机等）、裁剪设备、电控系统、吊挂系统的产量均排名全行业之首。

不过，台州的缝制设备产品主要集中在缝中区域，杰克是台州乃至全球企业中唯一一个将产品扩展到缝前、缝后的企业。此外，随着杰克临海工厂的大面积投产，拓卡奔马的生产也逐步转移到台州地区，供应链也逐步国产化。2012年后，杰克快速发展，对于供应链的要求也越来越高。

2015年，杰克智能工厂投产，这让杰克成了台州智能缝制装备产业园的主导企业。随着国家智能缝制产品中国合格评定国家认可委员会检验中心、智能缝制装备研究院等的落地，杰克开始谋划集聚一批具有较强创新力和竞争力的产业链协同伙伴，包括优质的供应商、科研院所等。这也是杰克打造爆款产品的基础。

德鲁克说过，当一个新产品或服务第一次达到盈亏平衡时，它就开始过时了。2008年之前，所有的缝纫机企业都觉得市场会继续高速增长，盲目乐观让不少缝制设备整机企业、供应链企业都栽了跟头。市场在2008年全球金融危机到来时出现转折点，2010年奠定了新的行业格局。

"让你的产品、流程或服务变得过时是阻止竞争者从中获利的唯一方法。"德鲁克的这一说法，不只适应于一个企业，对一个行业来说也是如此。这就是创新的本质，创新就是为了营造差异化。2010年之后，杰克对自己的定位升级：以研发创新驱动企业发展，而不仅仅依赖过去十几年的产业惯性及营销驱动。

杰克通过不断地变革管理，不断地创新营销，不断地聚焦主航道，不断深耕，不断提升供产销协同，让自己的产品、流程和服务不断过时，自己迭代自己，逐步推动台州缝制设备产业链升级。当一家企业具备行业龙头资质的时候，它的身后必然有一批能够支撑龙头企业的产业主体，龙头企业则会带动这个产业链的关联主体逐步升级。

创新与爆品的持续迭代

企业的战略控制点，无论是哪一个层级，创新的作用都不可忽视。创新的维度很多，而产品创新是构建企业控制点的底座。一款产品是否会被市场接受，能够获得多大的市场份额，能否获得行业认可的地位，都与产品创新紧密相关。

杰克的发展是一个持续增长的过程，也是一个不断创新的过程。具体到产品创新，最好的结果就是爆品持续迭代，持续获得市场认可。

2013 年，杰克在迅利 IIB 的基础上迭代推出了迅利 IIE 平缝机。这款机器与传统电脑平缝机相比，最大的创新点是在一个看起来不起眼的用户需求点上实现了技术突破，让用户在操作缝纫机的时候不用膝盖，解决了千百万缝纫工人膝盖磨损的问题。从 2012 年到 2016 年，这款缝纫机销售量超过了 90 万台。一个小的创新点成就了行业的一款爆品。

2015 年，杰克推出了全球首款会说话的缝纫机——A4。A4 新加入了语音模块，意味着缝纫机开始正式将智能化、自动化应用到实践中。除了会说话，A4 还具有自动剪线、抬压脚、倒回缝、松线、扳手左移等功能，正是这些功能带来综合体验的提升，让 A4 成为超级爆款，一度成为全球销量最大的电脑平缝机，市场占有率达 30% 以上，成为缝纫机行业的现象级产品。2015 年至今，这款机器的销售量已经超过 230 万台。

2023 年 6 月 16 日，杰克在武汉举办"快反王"新品全球发布会。在发布会现场，阮积祥喊出了颇具争议的口号——"快反时代，谁敢称王"。"快反王"

在发布会当天便实现了 15 万台的预订量，成为"上市即上量"的爆款（图 3-8、图 3-9）。

"快反王"成为杰克产品创新历史上的又一款爆品。为什么"快反王"可以实现"上市即上量"？

从 2013 年起，全球服装产业已经开始呈现"小单快反"的趋势。到今天，全球有 70% 的订单都是小单。小单客户需求的特点是小批量、多批次、快速交付，这些趋势变化促使服装产业对加工厂的要求越来越高。需求满足的过程就是创新的过程。中国缝制机械协会副理事长林建龙说："在当前小单快反的时代，换款换料频繁，经常出现跳针、断线、起皱等问题。因为机械设计和原理的限制，目前行业内没有更好的技术解决面料全适应性的问题。这就是服装厂的痛点，也是行业的难题。"

既然客户的痛点这么清晰，需求这么明确，为什么行业内始终没有推出一

图 3-8 "快反王"新品全球发布会

款合适的机型？为什么杰克可以创新性地推出"快反王"这样一款产品？核心就在于杰克技术上的突破。

"快反王"在换布料时能够自动实时调整机器的参数，提高机器送布力和穿刺力的匹配度，并且有足够强大的送布力与穿刺力作支撑，可以极大降低跳针断线的发生率。如何动态调整强大的送布力和穿刺力，解决频繁跳针断线的问题，是技术突破的难题。为解决上述问题，杰克技术团队把储备已久的AI技术用到了这款产品上，也就是杰克A.M.H面料自适应系统。这套系统背后包括两大核心技术：九脑章鱼AI芯片、大力猿电机。

九脑章鱼AI芯片能根据实时发生的送布力与穿刺力数据，感知面料的变化。一旦发生变化，九脑章鱼AI芯片就会高速运算送布力和穿刺力协同参数，并将它们同步给两台大力猿电机。送布电机优化送布力，主轴电机优化穿刺力，通过力度组合的精准输出，实现不同面料连续缝纫，而不用停顿调整。这

图 3-9 "快反王"上市首日全球订单数

一过程必须在瞬间完成，否则跳针断线就会发生。

A.M.H系统可以保证"快反王"即使在每分钟4000转时，每缝1针也能实现多达150次以上的数据监测与参数调整，这样的响应速度能让设备完美自适应各种面料，全程无需人工干预。

对比上一代爆款机型A4平缝机，在同工况下，"快反王"的跳针断线频率降低了20%，缝密度布与丝光线的抛线劈线频率更是降低了50%，且全程自适应，无需人工调试，大幅提高了设备在"小单快反"场景下的工作效率。

这些创新成果的背后，是杰克从2013年就开始的对快反服装各种面料进行的深入研究。杰克有超过10年的技术积累，这是行业内任何一家企业都比不了的。在此基础上，杰克还联合全球包括英国爱丁堡大学、东英吉利大学、华中科技大学、浙江大学，德国保时捷设计、齐思工业设计在内的多家单位、企业共同研发，拥有70多项专利。最关键的是，杰克还积累了20万份布料样本数据库。所以，即便有友商配置了同样算力的芯片，没有面料样本数据库，也无法实现实时的感知调整。

这一切的背后都是杰克在持续不断地创新，并瞄准了客户普遍的痛点。

杰克在2020年正式启动新一轮变革，从缝制设备的生产制造向成套智联服务商转变，杰克的创新投入越来越大。杰克每年会拿出7%以上的年营收作为研发费用，研发人员数量更是超过行业其他公司的总数，这在行业内绝无仅有，杰克每年申请的专利数量也超过行业内其他公司之和，截至2023年6月30日，杰克已拥有有效专利2657项。2022年，在全国科技创新企业500强里，杰克位居173位，在浙江省创造力百强企业里，杰克排名第17位。杰克的目标很明确，研发驱动企业高质量发展。没有持续创新，就无法赢得客户的青睐；没有产品的持续创新，就没有一代一代爆品的市场地位。

支撑技术、产品持续创新的还有杰克不断升级的研发信息化系统。

2005 年，杰克引入大恒PDM，改善因产品多样化带来的研发图文档的查询、变更记录等线下散乱的研发管理模式，建立以产品设计BOM为基础的数据管理，实现研发无纸化设计和数据的共享、协作。

2018 年，杰克引入思普PLM，解决跨部门协作和产品的快速迭代开发，建立标准数据、企业级一体化的BOM管理，打通从设计到制造的产品开发过程信息和数据，提高数据的准确度和生产效率，缩短产品上市周期。

2024 年，基于全球化、多专业、多领域的研发模式，推动以客户为中心的产品创新，杰克研发将构建基于3D数据源的项目管理和深度协同的一体化数据平台，实现从业务流程驱动向数据驱动、AI数智化驱动的研发数字化转型。

近年来，数字化转型加速推进，进入向纵深发展的新阶段，推动企业逐步迈向全流程的数字企业、全连接的协同企业和全智能的未来企业。杰克研发数字化的转型不仅是持续构建核心竞争力，持续推出爆品的重要保障，也是全流程数智企业建设的重要一环。

JACK
杰克

稳健经营

业财融合的探索

　　1999 年"三天三夜会议"之前，杰克的增长速度虽然也很快，但规模并不大，不管是产品、人员还是经销商，一切财务往来都可以通过手工做账的方式应付，对财务人员的能力要求并不高。

　　阮积祥在清华大学读完 A 管理模式的课程后，决定对杰克的财务系统推行电算化改造。阮积祥亲自上场，先学了电脑的基本操作、五笔打字法，然后带着公司的主要人员开始学习使用电脑。当时，杰克的内部流传着一种说法："总经理教我们学电脑。"

　　1999 年到 2003 年，杰克在内部开始推行一些单体软件的应用，包括 OA 系统、财务电算化模块，以及金蝶的进销存系统。这个过程对杰克内部电脑的普及和软件应用起到了一定作用。随着一批大学生的加入，不断增长的销售收入并未压垮杰克最基础的信息化体系，反而是公司业务的发展推着财务系统不断升级。

　　2001 年，杰克引进 OA 办公自动化系统，实现了网上办公，节省了办公费用，提高了办事效率。以往文件、资料、通知等不但需要花费大量的打印费用，还要靠人工通知、传递、送达。现在都不用了，打开电脑，一切都可以在 OA 系统上面完成。

　　2002 年，杰克信息化建设开始向产品全生命周期和全面生产管理的集成化方向发展。在产品端这一年引入了 CAD（计算机辅助设计系统），结束了手工绘图，提高了设计效率。次年引入了 CAPP 系统（计算机辅助工艺设计），加快产品到生产的过程，优化设计，提高生产工艺水平。通过逐步建立虚拟的产品模型，最终形成完整的产品描述、生产过程描述，以及生产过程控制数据。

同年，引入金蝶的企业制造资源计划（MRPII），把生产、财务、销售、仓储、采购等各个子系统集成为一个一体化的系统，完成了从用户订货到生产计划、作业下达、质量控制、执行反馈、装配入库这一以生产为主线的全过程管理。生产计划部门原有人员 10 人，计划排期每次需要大约 7 天，实施 MRPII 后，生产计划部门只需人员 2 人，做一次计划只需半小时。提高了均衡生产的水平，主要产品的生产周期缩短了 1/3，使在制品资金占用下降了 50%。同时原来采购与生产之间的联系非常松散，预采购量比较大，导致采购资金占用量比较大。使用 MRPII 后，采购与生产计划衔接，哪些零部件需要采购、什么时间采购，都有了严格限制。产品开发与生产管理系统的实施，为杰克日后实施 SAP-ERP 打下了良好的基础。

2005 年，杰克又实施了 PDM（产品数据管理），打通了 CAD、CAPP、MRP Ⅱ 等各应用系统，实现了订单交付和设计主线数字化框架的搭建。

PDM、MRP Ⅱ 等软件的引入，让信息技术和信息管理带来的巨大效益和效率清晰可见。当时，杰克管理层到宁波一家企业考察，看到对方使用 SAP 软件支撑起几十亿元的业务游刃有余。杰克要成为现代企业，实现产品技术结构优化升级和企业管理现代化，将来还要走出国门，走向世界，就离不开一个中枢系统。这关乎杰克未来发展的战略问题，于是杰克下定决心拿出 500 万元与德国 SAP 合作，布局启动 ERP R/3 系统的建设。

2004 年 10 月 28 日，杰克与德国 SAP 软件公司签订合作协议。在当时，"世界 500 强"企业实施部署 SAP 软件公司 ERP 系统的不超过 10%，而杰克

作为一家不起眼的民营企业，却成为台州市第一家部署ERP系统的企业（图
3-10）。

杰克的ERP项目从一开始就瞄准了世界一流的管理水准，这是基于杰克成
为全球第一缝纫机企业愿景的需要。阮积祥希望通过引入SAP-ERP大幅度提
升杰克的管理水平，为杰克带来世界先进的管理思想和理念，并实现信息系统
的高度集成化、标准化和一体化。

SAP-ERP导入后，数据的维度明显更加丰富了。之前的数据，大家基本只
关注收入和应收，而且这些数据具有强滞后性，需要在次月中旬才能拿到。通
过SAP-ERP，将更多环节拉入系统后，整个企业的数据在每月第一天就可以拉
出，成本、库存、销货、应收、利润等数据都能清晰呈现。尤其是销货和应收
数据，可以当天实时呈现。原来的经营分析会要在每个月的中下旬召开，SAP-
ERP导入后，经营分析会提前到了每个月的5号左右，使经营决策能够更好地
应对市场变化。

SAP-ERP系统对"业务是业务，财务是财务"的分离状态进行了融合。财
务不只对经营状况进行记录、核算，并且开始尝试对经营业务进行分析和预
测。信息化建设是一个联动联通和累积的过程，SAP-ERP的导入是杰克真正
开启信息化建设的第一步，打开了杰克的数据思维，为业务和财务的融合提供
了一个崭新的视角。在这之后，杰克几乎在每个时期都在学习导入新的模块或
系统。

2004年至2013年，从SAP-ERP实施开始，杰克又陆续导入了人力资源管
理（Electronic Human Resource，EHR）系统、供方查询系统、CRM系统、物流
条码系统、元年报销系统。

2014年，杰克开始第二次导入SAP系统。

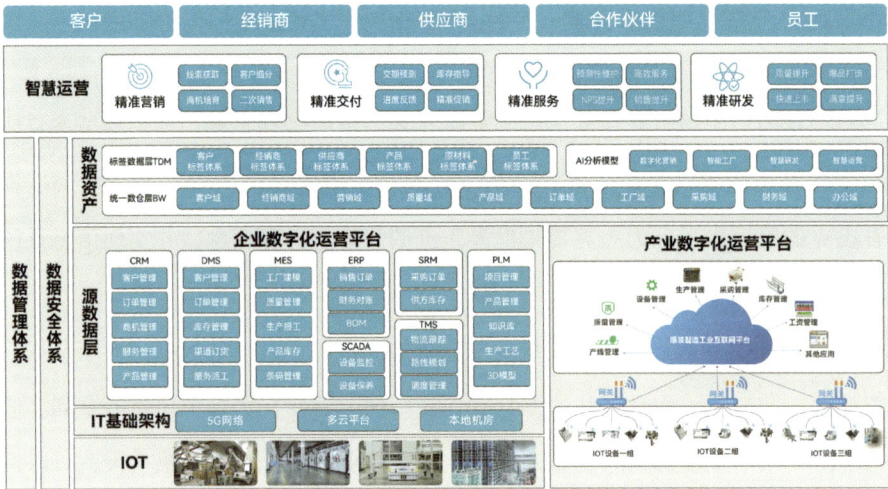

图 3-10　杰克信息化架构图

为什么要再次导入？

2013 年是杰克聚焦中小客户的第一年，杰克基本上放弃了此前营销体系中对大客户的经营。随着杰克的不断发展，销售规模不断扩大，需要进一步与经销商、客户深度融合，需要对营销、销售过程进行管理，也需要对客户进行管理。而 2004 年导入的 SAP 系统，其销售管理模式就显得有些薄弱了。

此外，椒江总部工厂投产之后，杰克已经拥有下陈、临海等多个工厂，工厂与工厂之间的交易规模巨大，成本的核算体系也需要细化升级。

同时，这也是杰克降低供应链成本的关键时期。杰克一方面在研发划时代的产品，另一方面在重点提升成本竞争力。从原材料到零配件，从零配件到成品，从工厂到仓库，从仓库到经销商的库存，再到客户，内部工厂间的交易、进销存，以及客户关系的管理，将这些纳入一个统一的系统势在必行。第二次导入SAP系统顺理成章。

杰克的业务形态从单机销售转向成套销售，回款方式也发生了变化。2014年SAP系统的引入只带来了产品模块的增加和升级，这一早期的底层架构已经无法适应和支撑现有业务的发展。

同时，组织的变化、国外业务重要性的提升也迫切需要杰克构建全新的SAP系统。为此，2022年杰克再次和SAP软件公司达成合作协议，投入1500多万元，对老的SAP系统进行重新架构。这一次对SAP系统的调整，需要其不但具有"算"的体系，而且有"测"的功能，将多个业务单元参与的成套销售信息输入到系统，可以既测出每个单元的盈利情况，又可以测算整体项目的盈利。这次SAP系统的重构标志着杰克的财务体系开始进入集成平台阶段，数据的互联互通能为管理提供更多的决策支持。

财经的大坝

"如果按照你的思维，所有的创新尝试都不要干了！"一次董事会上的一项重要投资决策表决之后，阮积祥与当时的轮值CEO谢云娇争论。

争论的焦点是，是否投资建设一座杰克自己的智慧服装工厂。杰克在2020年提出了成套智联的概念，阮积祥希望建设一座标准的智能服装工厂，面向市场，公司化、独立运营，呈现服装数字化生产的应用实景，助力成套智联的推广，赋能服装企业智能化、高质量发展。

董事会多数成员的投资态度都比较消极，谢云娇的反对最为强烈。根据财务投资分析的结果显示，此项投资远远无法达到阮积祥的乐观预期，有太多的不确定因素，基本上无法盈利，甚至有可能持续亏损。

比如在杭州这样一个高人工成本的地方投资建厂，服装工人招工难如何解决？用工成本高如何解决？既然是服装厂，工厂的订单如何解决？阮积祥给出的答案是：订单不用担心，只要工厂开起来，自然会有。阮积祥有乐观的精神，不过谢云娇和多数人都相对谨慎。

杰克是一家三兄弟创业的公司，阮积祥虽是大股东，但杰克并非阮积祥的"一言堂"，三兄弟内部有相对明确的分工。阮积祥侧重对公司方向性、战略性等关乎长期发展方面的把控，如战略投资、产品研发、人才培养、企业文化构建等；大哥阮福德侧重资源整合、政府接待、行政事项沟通等；阮积明则负责公司内部审计、供应链管理。阮氏三兄弟分工明确、相互协作，助力公司不断发展壮大。

当然，三兄弟也有意见相左之时。比如在进行一些重大事项决策讨论时，三兄弟拍案而起也是常有的事情。意见上的分歧，会通过杰克的董事会沟通及决策。一旦董事会上意见统一后，三兄弟的行动就会一致。

虽然 2017 年初杰克才上市成功，但杰克的董事会运作可以追溯到 2004 年，甚至更早。而且杰克董事会的机制非常开放，在董事会上，各位董事的意见都能得到充分表达。

2002 年，杰克从新加坡转到香港上市，谢云娇参与了整个过程。那个时期杰克的财经体系建设还处于初级阶段，更多是核算公司的业务，核算的时间也相对滞后。财经管理、监督、分析和预警等能力还在培养。

2008 年，杰克启动二次上市计划，从香港转到深圳中小板，再次上市失败。当时的财务总监离职后，谢云娇便接替了财务总监的职位。随着 2013 年上市计划再次提上日程，杰克的财经体系逐步升级，在基础的监督、核算功能上已经有了更多的职能拓展，可以为投资提供决策分析，可以对企业的经营进行分析，甚至可以预测一些经济前景。财经体系能力的提升，成为董事会经营决策的第二道机制。

2008 年，杰克开始接洽收购德国的拓卡、奔马公司。当时的谢云娇刚刚接替财经负责人职位，就遇到了一家银行抽贷的苦恼。好在公司现金流稳健，未出现资金紧张问题。但这也给当时杰克的财务上了一堂生动的风险管理课，自此以后，杰克的财务全面切断互保模式，转而用资产及信用为公司融资担保。在公司内部决定收购拓卡、奔马公司时，财务的数据显示，收购后预期的收益并不是特别好。但考虑到公司的战略收购目的、国际品牌、顶尖技术及高端渠道，最终还是完成了收购。杰克在收购的次年就实现了盈利，虽然第二年和第三年经营状况不佳，但是收购所带来的品牌效应及海外影响力等隐形价值是财务部门无法衡量的。2010 年杰克一跃成为行业冠军，2009 年收购拓卡、奔马的作用不可忽视。

2015 年，缝纫机行业再次遭遇低谷，杰克内部又一次在重大投资决策上有了比较大的意见分歧。杰克与东风汽车联合开发精加工智能无人化生产线，一条生产线要投资 1.2 亿元人民币，成败亦未可知。财务部门希望将投资的时间周期拉长，减少公司的经营压力，保持资金的稳健。职业经理人多数持这样的意见，不过阮积祥和大哥阮福德却觉得投资应尽快到位。事实证明，只有在低谷时"深淘滩"，才能在洪水来时直挂云帆，乘风破浪。

2018 年的一波大行情与 2010 年几乎一样，行业高峰来临时，生产能力决定了企业能够开动多大排量的航轮。因为制造业的产能不是一两个月就可以提升的。当肉眼察觉到波峰到来时，再去谋划筹备，显然已经迟了。

不管是杰克的经销商、供应商，还是杰克的内部团队，都有很多人觉得阮积祥有一种超越常人的影响力，这一点在董事会的决策上常有体现。不管是在董事会上还是在日常的沟通中，多数人都跟阮积祥有过辩论或争论。在杭州智能工厂决策过程中，董事会表决没有通过。阮积祥会再单独找董事会成员进行沟通，希望能说服不同意他意见的人改变主意。

谢云娇坦言，通过财务分析报表可以预见，半年时间内要亏损很多钱。但是阮积祥却说，如果半年内要亏一部分，他可以承受。不过谢云娇给出了更消极的亏损数据。这时候阮积祥告诉她："如果按照你的思维，所有的创新尝试都不要干了！"阮积祥的言外之意是，公司必须为创新买单。财务只考虑眼前，但他需要站在未来更远的时间节点为公司考虑。

2018 年，杰克在台州湾新区占地 1050 亩地的智慧工厂开建，投资规模预

计 56 亿元，开启了杰克上市后最大的投资。这一年，杰克的销售额突破了 40
亿元。

2002 年，阮积祥在中欧国际工商学院读 EMBA 的时候，遇到了知名经济学
家许小年。阮积祥邀请许小年出任公司的顾问。除了许小年，杰克还邀请了中
国缝制机械协会的原理事长田民裕出任公司的独立董事。之后，邀请经济学家
或教授出任公司顾问、独立董事也成为杰克的一个传统。这样做的目的就是听
取不同意见，避免被某一个经营者的乐观思维冲昏头脑。许小年更多时候会从
批评家的思维出发，提出一些犀利的问题。一次到访台州，走在参观的路上，
他言辞犀利地表达道："台州为什么还有这么多作坊式的小型缝纫机工厂？这
只能说明你们的经营能力不足。"

在一次讨论重大的投资决策的董事会上，作为杰克的顾问，许小年明确表
态，反对杰克在现阶段进行重资产投资，并且态度非常坚决。而 2009 年杰克
收购拓卡、奔马的时候，许小年非常赞成经营层的决策，甚至牵线搭桥，希望
杰克能多收购一些国外的优质资产。

每一次的决策都有不同的声音，这是一种常态，也可能是一种良性的机
制。从来没有一种绝对完美的决策机制，从当初阮积祥拿出在东北补鞋积攒下
的资金开设飞达商贸开始，他就经常遇到意见不统一的情况。最终，他通过大
姐夫阮孟合打开了新世界大门：现代化的管理、多角色的董事会决策……比他
们三兄弟年长的赵新庆，也会经常给出不同的意见，这对于天生乐观的阮积祥
来说有独特价值。

JACK

杰克

持续变革

持续变革

一直以来，杰克都有自己的变革文化，尤其是通过文化传承，让多年以来的项目变革在杰克内部推行得非常顺利，也推动了杰克多年以来的持续增长。

1999年"三天三夜会议"后，杰克从家用缝纫机企业转型成为工业缝纫机企业。时隔19年，杰克开始将成套智联作为未来发展的主营业务方向，并在2020年正式实施新一轮变革，以业务转型作为基点，层层推进。

1999年和2020年，是杰克发展史上的两次重大变革之年。

1999年，杰克不过是一家人数不足70人的小厂。当时，从家用缝纫机企业转型为工业缝纫机企业，业务经营有阵痛，但整体的影响并不大。杰克要开展新的业务，但并不代表要立即停下家用缝纫机的生产。当时变革的主要任务是：思想认识上的统一，以及生产工业缝纫机后的人才补给。因为企业规模小，所以痛点也少。

2018年开始谋划，2020年杰克正式实施新一轮变革。由于此时的杰克已经是一家万人规模的跨国公司，船大掉头难。杰克想要从原来的聚焦中小客户，将业务转变为以大客户为主的成套解决方案；从原来以单机技术、机械制造为主，走向以控制器、软件为主的自动化、数字化、智能化企业。这将带来技术结构的巨大变化。这是一个很艰难的转型。

如果说，1999年的转型，杰克有非常清晰的参考路径，可以仿制德国、意大利、日本，以及一些本土企业的成熟工业缝纫机机型，2018年的这一次转型就毫无经验可以借鉴。

每一个变革者都要具备强大的战略定力和变革基因，才能将变革之路持续走下去。如果一个领导者具备变革的基因，就不会有安逸的想法。1998年，任正非发表《不做昙花一现的英雄》，他指出，创业难，守业更难，但守业守不出伟大的企业。

杰克这么多年的发展就是一个持续不断变革的过程，变革基本上是按照杰克不同的能力和成长需求在展开。尽管在成长早期，杰克没有明确的战略管理工具，只能依赖三兄弟及不断加入的行业明白人引路，但战略及发展导向相对清晰，方向基本正确，从来没有发生大的偏差。2004年的"二次创业"虽然走了一些弯路，但杰克很快就调转方向，并在2010年一跃登顶。杰克的发展具有从偶然到必然的属性。

图3-11　2020年，阮积祥主持杰克变革说明会

方向大致正确，组织充满活力。

杰克持续不断的变革，很多都是围绕着组织能力的成长展开的。组织能力是企业核心能力最基本的模块。

从 2000 年杰克与金蝶国际合作，引入 K3 系统，公司财务核算电算化开始，到 2002 年杰克与盛高咨询公司合作，建立 KPI 绩效管理体系；2002—2014 年的 12 年间，杰克与爱波瑞、瑞铃两家咨询机构开展了 4 次精益生产咨询合作，导入、推广、深化精益生产，将精细化生产应用到真实业务场景中；2005 年南方略咨询帮助杰克深耕渠道；2004 年、2014 年、2020 年，杰克先后三次与国际 ERP 顶级厂商 SAP 合作，成为台州首家引入 ERP 项目的企业，不断对业财融合进行新的探索；2006 年，杰克开始推进 IPD 变革，从汉捷到蓝博思再到华为，先后 4 次导入 IPD；2012 年、2014 年，杰克先后两次与里斯战略定位咨询合作，聚焦中小客户，将"快速服务 100%"提到新的高度。

在杰克项目管理变革的路上，国际一流咨询公司的名字在不同年份陆续出现在杰克的合作伙伴名单中，其中包括美世、合益、德勤、安永、翰威特、北京电通广告、富士通、克劳士比等。2020 年，杰克开始与乔诺咨询合作，从战略变革开始，进行营销体系变革、人力资源变革、研发体系变革……

这么多项目的推进，持续不断的管理变革，各种专项能力的进阶，最终都呈现在组织能力上，并在一年又一年的增长数据层面直观体现。

杰克的增长就是在不断推进的变革中持续完成的。如果增长是企业经营的信仰，那么通过持续不断的管理变革驱动增长则是信仰的核心。

隐形冠军杰克

JACK

04

杰克的未来探索

JACK 杰克

新的成长曲线

智能制造的机遇

2001 年 5 月，日本通商产业省在当年发布的《日本贸易白皮书》中提出了一个说法，中国已经成为"世界工厂"。这一提法的理由是，在彩电、洗衣机、冰箱、空调、微波炉、摩托车等产品中，"中国制造"均已在世界市场份额中名列第一。2002 年，在中国制造产品占全球比重较高的类别中，缝纫机已经是其中之一。

事实上，纵观世界工业化的历史，英国、美国、日本等工业化国家都依次扮演过"世界工厂"的角色。英国、德国、美国、日本等国家先后经历了第一次、第二次、第三次工业革命，每一次工业革命都影响了一个时代的变迁，每一次工业革命都在重构新的世界格局，谁能够抓住机遇，谁就能在新的竞争中占据绝对有利地位，甚至"称霸全球"。

在 2011 年汉诺威工业博览会上，德国人工智能研究中心的沃夫冈·瓦尔斯特尔（WolfGang Wahlster）教授首次提出"工业 4.0"概念。"工业 4.0"成为《德国 2022 高技术战略》十大未来项目之一。"工业 4.0"原本由德国工程院、西门子公司等德国学术界和产业界提出并推广，在很短时间内得到了来自政府、企业、协会、院所的广泛认同，从而迅速演变为国家产业战略。在德国，"工业 4.0"能在这么短的时间内得到广泛认同，有其偶然性也有其必然性。

德国是传统的科技工业强国，但是在面对新一轮的产业技术革命，尤其是

图 4-1　杰克参加 2019 服装智能制造高峰论坛

互联网、移动通信技术的这一轮冲击中，德国的传统竞争优势遭到了全方面挑战，尤其是面对美国和中国的挑战，颇为吃力。2008 年德国遭受了国际金融危机的冲击。2009 年，奥巴马政府出台美国制造业法案，想要重新夺回全球制造业霸主地位。德国倒闭或被收购的制造企业数量众多，面临着重大危机。中国则在中低端制造业具有广泛市场。

如果以技术特点来论，从 1.0 到 4.0，工业革命发生了很大的变化。"工业 1.0"是效率时代，强调生产制造的效率；"工业 2.0"是精益时代，在效率提高的同时注重产品成本和质量；"工业 3.0"是协同时代，信息技术使跨部门、跨企业协同成为必然；"工业 4.0"是创新时代，在协同的基础上更加强调智能和融合。

　　美国和德国经历了完整的"工业 2.0"时代和"工业 3.0"时代，而且希望通过"工业 4.0"实现再工业化。美国和德国已经具备了坚实的工业化和信息化基础，同时形成了清晰的成长路径和商业模式。最为典型的是传统制造业企业的服务转型和互联网企业的跨界整合，如波音、思科、IBM 及 GE 等这些以产品制造起家的企业，在发展过程中不断向价值链中的高价值区域延伸，从硬件制造商向软件服务商和系统集成商转型，以此提升自身的盈利能力和市场掌控能力。新兴的互联网企业，如谷歌、亚马逊、易贝（eBay）等以强大的互联网技术和资源整合能力，实行跨界整合与上游产业链渗透，直接改变了传统制造业的竞争格局。

　　中国是世界上唯一拥有联合国产业分类中全部工业门类的国家，形成了"门类齐全、独立完整"的工业体系。但相比德国和日本，中国缺少很多细分领域的隐形冠军小企业，尽管隐形冠军的数量在不断增加，但整体水平仍然有待提高，中国的制造业企业多数需要升级。

　　如果说德国、美国、日本的制造业是从"工业 3.0"升级为"工业 4.0"，那么中国制造业的发展则不同，生态更加复杂，主要表现为发展不均衡，多重工业发展阶段并存且水平不一。总体上说，中国的制造业企业全部实现并达到"工业 1.0"水平，大多数达到"工业 2.0"水平，少部分具备"工业 3.0"水平，点状出现"工业 4.0"萌芽。目前，中国制造业注定无法以一套思想和标准使不同行业、不同发展水平的制造企业走出困境。中国的制造业企业更多需要从"工业 1.0""工业 2.0"弯道超车，直接向"互联网＋工业"迈进。

　　以杰克的工业生产为例，目前杰克有多家工厂，生产的特点是"效益 2.0"和"协同 3.0"并存。杰克投资 56 亿元的台州湾智慧工厂已是对"工业 4.0"的初步实践，在业内已处于先进水平。

2015 年，中国政府推出了《中国制造 2025》，尽管与德国的"工业 4.0"不完全相同，但中国对于制造业的预期已经发生了巨大的变化。中国希望在 2025 年进入世界第二方阵，迈入制造强国行列；2035 年位居世界第二方阵前列；2045 年进入包括美国、德国、日本在内的第一方阵，成为具有全球影响力的制造强国。

浙江省是中国制造业的前沿阵地。2020 年，浙江出台了《浙江省培育建设"未来工厂"试行方案》，计划每年培育数十家新一代信息技术与先进制造业充分融合的智能制造标杆企业。作为数字孪生、人工智能、大数据等新一代信息技术的集大成者，"未来工厂"是浙江智造的样板。

2021 年，浙江发布的 20 家"未来工厂"名单中，杰克的台州湾智慧工厂名列其中，成为浙江智能制造的一张名片。"未来工厂"的建设，主要包括数字孪生应用、智能化生产、智慧化管理、协同化制造、绿色化制造、安全化管

图 4-2　杰克出席 2021 世界智能制造大会

控和社会经济效益七大关键要素。杰克的"未来工厂"在智能化生产、绿色化制造、服务化延伸等方面表现尤为突出，且不断在完善升级。

"未来工厂"带来的最直观的数据改变是，杰克的生产效率提高了 20%，产品不良品率降低 20%，产品研制周期缩短 30%，加工、装配、检验、物流等系统的数字化、智能化使工厂整体运营成本降低 20%。

2023 年 9 月，第九届国际智能制造论坛在武汉举行，e-works 数字化企业网发布了"第二届中国标杆智能工厂百强榜"，杰克实力入榜。

目前，杰克已成功搭建了企业数字化运营平台。在设备层，自动引导车（Automated Guided Vehicle，AGV）、机械手、加工中心、立库等设备均实现数据采集与控制；在应用层，CRM、DMS、MES、ERP、SRM、PLM、SCADA、TMS 等信息系统在实践中不断更迭，杰克的信息系统积累了企业运营的大量业务数据。与此同时，杰克构建的服装智造数字化运营平台通过物联网缝制设备、工业物联网平台和服装工厂应用的软件即服务（Software as a Service，SaaS）系统，给客户赋能的同时积累了大量服装生产行为数据。两类数据进入杰克的数据湖中形成数据中台，并通过 AI 算法进行分析，最终实现精准营销、精准服务、精准研发和精准交付。

杰克"未来工厂"的成功实践证明了杰克智能制造路径与方法的可行性，尤其在软硬件的结合过程中，杰克根据自身生产场景不断优化软件，这让杰克的数字化方案具有更强的实操性。

相比纯软件公司不懂硬件、纯硬件公司不懂软件，杰克的软硬件结合走出了一条差异化之路，这让杰克向服装客户、供应商等输出数字化解决方案时，具备更多的"说服力"，更值得信赖。

成套智联解决方案服务商

中国和德国关于制造业规划的核心均是以智能制造为基础的信息物理系统。从手段上讲，即利用互联网对制造业进行升级改造甚至重构。美国的战略意图是让互联网吞并制造业，而德国则基于制造业根基，试图让制造业互联网化。2015年，全国两会期间，国务院总理李克强在政府工作报告中首次提出"互联网＋"行动计划。"互联网＋工业"开创性地提出了制造业的新范式。

不管是美国的互联网吞并制造业，还是德国的制造业互联网化，或者中国的"互联网＋工业"，本质上都是产业集成。这里边包括纵向集成、横向集成和端到端的集成。纵向集成即实现企业内部所有环节信息无缝连接，这是所有智能化的基础；横向集成是在市场竞争牵引和信息技术创新驱动下，企业追求生产过程中的信息流、资金流、物流无缝连接与有机协同；而端到端的集成就是围绕产品全生命周期的价值链创造，通过价值链上不同企业资源的整合，实现产品设计、生产制造、物流配送、使用维护的产品全生命周期的管理和服务。

危机时收购了德国拓卡和奔马两家公司，杰克由此成为全球缝纫机行业唯一一家涉及缝前、缝中的一体化缝制企业。这次收购也意味着，杰克开始具备全流程服装生产设备的设计生产能力、业务能力。

拓卡和奔马收购完成后没多久的时间，杰克就在考量未来的服装产业会是什么样子，以及如何对未来的产品结构进行布局。

2017 年，杰克收购了意大利迈卡，2018 年再次收购了意大利威比玛。这两家公司的技术方向是做专业自动化缝制设备，自动化程度非常高。自动化是智能化、数字化的基础，也是中国缝制企业缺失的一环。

除了海外并购，在国内，2019 年杰克通过收购进入了吊挂市场，2020 年又通过并购进入了智能验布市场。从硬件层面讲，杰克已经成为全球唯一一家集缝前、缝中、缝后为一体的智能缝制设备制造商，并且已有了服装智造全流程的基本框架。

在完善服装生产所需的全套硬件设备的同时，杰克也在同步提升打通硬件与硬件、硬件与软件、软件与软件之间全流程的数字化能力，这也是杰克打造成套智联解决方案服务商的关键一环。这个任务主要落在杰克杭州数字化团队身上，这个团队的使命是"通过数字化与自动化技术帮助企业提质增效"。

事实上，打通硬件不容易，因为打通硬件意味着平台下端口将充分开放，更加灵活地相互融合。打通软件也不容易，但更难的是建立一个平台，这是一种突破天际的挑战。当然，做到之后也更容易建立竞争壁垒。目前，杰克已经打通了订单交付主线和研发设计主线，实现了从客户下单、研发设计、生产执行、物流、采购、设备的数据交互和业务跟踪。杰克希望发挥软硬件结合的优势，通过数字化与自动化技术，做到全面感知，帮助客户实现业务流程的优化和智能化，为客户创造更大的附加值和竞争优势。

近年来，生产周期长、物流成本高、库存积压成为服装企业面临的普遍问题。与此同时，在快时尚风潮的影响下，中大型服装企业的交付能力备受考验，从大规模生产向小批量、定制化生产的变革已是大势所趋。然而，想要做到这一点，不能一蹴而就，而是需要服装企业在整合全产业链的基础上提高运行效率，从而做到快速响应。

2022 年 3 月，杰克在浙江杭州斥资打造了一座智能服装生产工厂，作为一种尝试，对外开放。每天都有大量服装行业的品牌商、工厂老板前去参观，这座工厂就是杰克成套智联解决方案的呈现和应用场景的落地。

在传统的服装生产环节中，比如验布、松布、裁剪、缝制、分拣、打包等，每个生产环节都是各干各的，数据和信息不能做到实时分享，信息的互通需要通过大量的人工来实现，因此很难在生产环节实现"小单快反"。而杰克的成套智联解决方案以服装设备工业物联网平台和应用软件生态平台为支撑，打通了服装工厂在面辅料仓、裁剪等七大场景的"信息孤岛"，帮助服装企业提高了生产效率。

在杰克的智能服装生产工厂，WMS 系统下达指令，一卷卷面料从立体货仓中被自动搬运机器人筛选出库，送至智能验布系统，进行面料数据的比对、质检、松布。再由合格面料机器人将布料自动送入智能裁剪房，批量裁剪为生产整件服装所需要的不同形状的布料。

图 4-3　杰克成套智联解决方案

被裁剪的大大小小的裁片布料全程无须落地，一组一组地在智能吊挂系统的"护送"下，进入杰克的智能缝制车间，由车间工人进行缝制。缝制完成的衣服通过智能悬挂分拣系统，依次进入整烫、质检、除湿、分拣、打包、装箱、封箱、码垛等后整理生产环节。最终的成品在自动搬运机器人的协助下，直接进入自动立体仓中存储。

在这个过程中，生产服装对人员的需求大大减少，对技术的要求却大大提高，生产的效率也大幅度提高。工厂的整个流程就像布料坐上了滑梯，很快就滑到了配送车辆上，并且整个流程数据也可以实时更新。生产厂长可以在移动终端App或现场电子看板中实时查看生产情况，哪个环节慢了，哪个设备出现问题，一个小时内生产了多少服装，一天内出库多少商品，仓库还有多少布料、成品，工人的生产效率排名如何等，都一目了然。

在杰克的应用场景库里，服装面辅料仓储、数字板房、智能验布、智能裁剪、吊挂缝纫、后道分拣、成品仓储，以及服装互联网平台，这些都已经有了成熟的解决方案，并应用到了很多国内外服装生产企业。

在智能仓储上，杰克根据服装行业的生产特性、工厂的订单量和实际场景进行了规划，在面料仓、辅料仓、裁片仓、成品仓中提供可供选择的多种方案，解决了传统仓储存放无序、空间利用率低、拣选费时费力、浪费巨大等痛点，其中仓储灯光指引系统（Pick to Light，PTL）非常适合应用在服装企业辅料仓环节中，因为它成本低、实施周期短、改造少、上手快、出入库和盘点数据清晰透明，可以实现无纸化作业。

数字化版房系统打通了从品牌设计到版房打样再到大货生产之间的壁垒，而且能形成样衣数据库，连接各卫星工厂的大货排产系统。不但能让版房对标准化的大货生产指导更有效，还能实现"小单快反"的能力。

在裁剪环节，杰克推出的多种硬件设备配备软件系统，能很好地解决瑕疵检测抓取问题，达到快速补片效果，既能提高裁片质量，还能减少人工验片的成本。通过AI验布机识别瑕疵，上布机会自动将检验合格的布匹上到铺布机上，配备智能投影定位铺布机，自动记录瑕疵信息，并通过打标机来定位。到裁床智能裁剪后，能快速找到有瑕疵的裁片，无需人工逐张验片，可直接入库到裁片超市。

在缝制车间，杰克将智能吊挂、缝纫机操作屏与管理系统集成，实现设备物联、数据互通；能全面把握设备上线率，精确计算拿、缝、挂工时，评估车工技能，便于提高产线平衡率；还能实现工艺参数下发、锁定设备参数、一键报修等功能，保证品质，提高效率。

智能后整系统配置智能成衣缓存、悬挂分拣、平面自动分拣与包装系统，可以自动分款、分色、分码、包装和输送，数据清晰透明，无需人工清点核对，实现了快速分拣、精准装箱，出货效率和准确性大幅提高，解决了传统后整车间成品堆放无序、分类难、出错率高等问题。

衣食住行是人们生活的基础，服装产业是全球基础产业，全球服装产业规模有几十万亿元人民币。杰克对自己的定位是，从服装机械制造商转变为成套智联解决方案服务商，从硬件到软硬件结合，改变过去与服装工厂、品牌商以硬件销售为基础的点状连接生态。数字化和系统解决方案服务，是一种从服装

图4-4 杰克四大创新业务

生产到综合服务、从点状到线状、从线状到立体的交融关系。这就意味着，杰克需要有强大的产业技术人才，融入更多的服装生产到上下产业链当中，这也是杰克一直在寻找，想要突破的第二成长曲线。这条路和中国制造的路径重合，而怎么走，快还是慢，只能在实践中找到答案。

图 4-5 阮积祥应邀在 2023 中国服装科技大会发表主题演讲

在过去的 20 多年里，杰克一直是一个传统的制造企业。这个时期的杰克关注研发、生产、营销和客户的需求。但客户的需求向来都非常稳定，因此杰克的产品更多的是功能上的改变。这个时期的杰克，是工业经济时代的产物。可以说杰克走在了工业经济时代竞争的前面。但是，信息化时代、网络经济时代、移动互联网时代到来了，工业经济的生产方式开始向"互联网＋服装"迈进，整个产业都面临着变革。杰克不仅需要考虑生产制造，更要考虑服装工厂和品牌商的痛点，给出系统的解决方案。所以，在这一场竞争中，数字化、信息化极为关键。

　　人类的第四次数字化浪潮，会对形形色色的生产方式、生产形态进行数字化改造，这场漫长的改造之后，人类将彻底进入数字化的未来。在前几次工业革命时，中国都是在落后中快速追赶，最终形成突破。具体到各个企业，也是如此。最初杰克的基础也很薄弱，但走到如今已是一骑绝尘。世界的未来难以预料，走在行业最前面的企业将没有可借鉴的对象。

JACK

杰克

无人区的脚印

产业更迭几何许

2018 年 9 月 28 日，国务院总理李克强到访杰克，谈到国民制造业的重要性，阮积祥说："衣食住行，纺织服装是国民的四大需求之首。"李克强妙趣言道："民以食为天，饮食也很重要。"引得大家不由欢笑。

如果从人类基本生存的角度来讲，农业是人类生存的基础。不过从工业化和城市化的角度而言，纺织产业却是工业革命的先锋行业。18 世纪 60 年代蒸汽动力的应用和珍妮纺纱机的发明则意味着人类拉开了第一次工业革命的序幕。蒸汽机使生产摆脱了自然力（水力、畜力等）的束缚，纺纱机械极大地提高了生产力。强大的蒸汽机和先进的生产机械，使纺织产业向城市集聚，工业文明时代是蒸汽动力为表征的资本权威的时代。纺织产业的形成意味着人类从此由农业文明走向工业文明，从农村走向城市。

缝纫机发明于 1790 年，但缝纫机的工业化应用在第二次工业革命时才开始。第二次工业革命中，缝纫机和缝纫流水线的工业化应用，使服装成衣化和工业化成为可能，尤其是人造纤维的发明，极大地扩大了纺织产业的范畴。服装产业的扩张与转移意味着缝纫机设备产业也将逐步发生转移。

从德国和美国开始，缝纫机的生产制造逐渐产业化。其中，美国的胜家公司表现尤为突出。

1851 年，美国机械工人列察克·梅里特·胜家（Isaca Meritt Singer）发明了锁式线迹缝纫机，并成立了胜家公司。这是美国最早生产缝纫机的公司，不过这一时期的缝纫机基本上是手摇式的。1859 年，胜家公司发明了脚踏式缝纫机。托马斯·爱迪生发明了电动机后，1889 年，胜家公司又发明了电动机驱动缝纫机，从此开创了缝纫机工业的新纪元。胜家公司的所在地纽约，成为世界上第一个缝纫机生产制造中心，其影响力逐渐扩大。胜家在很长时期都是世界缝纫机生产制造的霸主。19 世纪 80 年代，胜家缝纫机垄断了全世界的主要市场。

1950 年之前，世界上的缝纫机，每 3 台中就有 2 台由胜家生产。第二次世界大战结束后，随着日本制造业的崛起，胜家逐步败走全球。胜家成功后，对自己的传统产品过分依赖，固守"质量是企业的生命""品质是无声的推销员"等观念，忽略了市场需求的变化。直至 1985 年，胜家出厂的仍是 19 世纪设计的产品，而此时其他竞争者已经纷纷开发出了新产品。尤其是日本企业产品功能的创新，最终让胜家走下神坛。1986 年，胜家董事会不得不宣布：胜家将抛开它赖以成名的"胜家"缝纫机，从此再也不生产缝纫机。一代缝纫机制造霸主就此落幕。

无论是德国制造还是日本制造，最初制造的都是低端产品，这是产业转移的基本路径。日本制造崛起带来的竞争压力让美国企业无力承担，最终美国不得不动用政治手段。当时的丰田汽车董事长丰田章男在美国议会参与听证会，最终被逼得失声痛哭。今天，这一幕再次上演，华为、中兴等中国企业被美国封杀，但华为依然挺立于世界。抖音（TikTok）这款来自中国的短视频 App，让美国慌不择路，美国想对其进行封杀，其背后是美国对媒体话语权失控的恐惧。当年，美国没能挡住日本制造占领美国市场，同样的手段更无法使中国企业折服。

纺织产业的中心从西方开始转移到亚洲，从日本到韩国、中国台湾、中国香港，缝纫机的生产制造中心不断转移。随着改革开放程度越来越高，2001 年中国加入WTO，纺织产业彻底成为中国企业的天下，缝纫机产业也彻底被中国制造牢牢占据。

在加入WTO之前，缝纫机的生产一直都是国营企业的天下。当时，全国东西南北各个区域都有大型缝纫机工厂，如上海的上工、西安的标准、天津的飞马、广东的华南等。后来，民营企业崛起，飞跃一飞冲天，成为全国知名的企业，再后来中捷、宝石、通宇等都在某一个时期内成为行业内的头部企业。可以说，在缝纫机的产业转移发展史上，每个时期都有一个王者，这些王者在不同时期都有不同的责任和担当。

商业行为的背后也有社会责任。胜家缝纫机是世界缝纫机工业化的启蒙品牌，没有胜家就没有世界服装产业的第一次崛起和行业效率的提高。日本缝纫机企业的崛起，顺应了世界纺织产业向亚洲转移的趋势，并带动了缝纫机走向全球。

当时，中国处于建国初期，协昌、上工、飞人等企业承担着民族工业的重任，这些企业在一定程度上构建了上海国产缝纫机厂的雏形。上海是中国轻工业的前沿阵地，上海有句俗语："只重衣衫不重人。"

上海、广州、天津、西安四大缝纫机产业基地的兴起，意味着缝纫机的生产开始快速向中国转移，中国缝纫机产业的崛起意味着其他产业也开始崛起，尤其是电视、自行车、汽车等工业品类，因为"衣食住行"的需求，无法回避。

椒江一工缝、椒江二工缝对台州的缝纫机产业有启蒙作用，飞跃的一路高涨代表民营企业的崛起。当时，国企改制，民营企业分担了很大的下岗就业压力。

纺织服装产业转移到了中国，中国开始成为世界缝纫机生产出口大国，承担着世界一半以上的服装生产出口。随着中国经济快速发展，人力成本提高，纺织服装产业再次向南亚、东南亚甚至向欧洲转移，也有部分向中国转移。不过整体而言，中国有着世界上最完善的纺织服装产业链体系架构，不管是越南、柬埔寨、孟加拉国还是印度尼西亚等国家，都缺乏建立完善产业链的基础。印度虽有人口、原材料及消费充足等优势，却未能承接到纺织服装及服装制造机械转移的红利。

历史总在不断更迭，产业的转移也有规律，所有的产业都会寻找最有利的位置。服装机械产业为什么在中国？市场是最好的答案。

纺织服装及相关产业链是否还会继续转移，答案谁也无法明确。短期来看，印度、越南及诸多周边国家都不具备替代中国的可能性。第四次的工业革命浪潮，竞争的机会点是"工业 4.0"，即智能化、数字化，以通信及信息技术为基础的互联网改造传统工业。在一定程度上说，这次工业革命的门槛更高了。尽管中国的工业基底并不扎实，但中国恰恰在通信及信息技术，在互联网的探索上具有一定优势，势必给服装机械制造业带来后劲。

失败的创新探索

如果从历史的维度去看一个政权或势力的兴衰，往往会看到几次关键的战役。在中国历史上，熟知度最高的便是东汉末年的魏蜀吴三国，其兴衰便取决于几场重大战役。

比如，曹操在取得官渡之战的胜利后，统一了北方，赤壁之战则使曹操无力组织大规模兵力南下征战，从而奠定了当时三国鼎立的政治格局。关羽大意失荆州，意味着刘备不再具备北伐的条件。刘备不听众人劝阻，与东吴决战，为西蜀的败亡埋下了伏笔。

历史总在不断上演，"读史使人明智"。

1986年，美国胜家的破产，除了与产业转移、自身的故步自封关系颇大之外，其他国家的企业在缝纫机上的创新也不可忽视。当时的日本缝纫机企业推出了语音提示缝纫机；英国的缝纫机企业推出了音乐伴奏缝纫机；瑞典的企业开始尝试推出电脑缝纫机，它可以根据布料特性，自动将缝法、针脚长度、缝纫紧度等调到最佳状态。这些功能上的创新看似不起眼，但温水煮青蛙，到了一定程度就会让胜家再无回天之力。

2008年的金融危机引发了2010年缝纫机行业的一波高涨行情。在这之后，杰克在产品创新方面取得了长足的进步。随着2013年移动互联网在中国快速崛起，杰克开始屡屡进行跨界尝试。

2013 年 1 月，杰克在杭州成立杰克中央研究院，作为杰克的全球研发中心，统筹全球研发基地。这意味着杰克从营销驱动正式迈入研发驱动。2013年，中国的移动网民数量超过 5 亿人，4G 也正式推出，这一年也被称为"中国移动互联网元年"。这一年，杰克第一次与外部移动互联网创业公司合作，在上海推出了"来租啦"平台。杰克希望通过这种新的商业模式，探索缝纫机的销售创新。当时，汽车共享非常火热，浙江宁波的新大洋机电集团推出了知豆汽车，主要用于汽车共享租赁。杰克提出了"既能租，何必买，来租啦，就是省"的理念，也想走出一条租赁创新之路，不过时间证明这条路无法走通。

2015 年，个性化的服装定制越来越火。尤其是青岛红领摸索出了一条西装定制的成熟模式，通过发展代理或连锁店铺，已初具规模。杰克看中了杭州一家公司，以天使投资的形式，成立了杭州工巢。这家公司除了以"小单快反"的形式定制生产服装，还专门为服装卖家提供一站式的服装供应解决方案。

2016 年，杰克投资北京优产科技，一家专注于服装领域软件开发及解决方案的企业。2017 年，杰克又投资了广州辛巴达科技，一家服装柔性供应链服务商。从 2013 年杰克尝试推出"来租啦"，到 2023 年已有 10 年，如果从资本或基金投资的角度来看，投资报表一定很失败。资本从来都缺乏耐心，三年无法套现退出，这是断然无法接受的。但从杰克的角度，尤其是从产业链的配套创新来讲，却不能说是失败的。

这些项目，无论是服装定制、服装厂的解决方案开发，还是服装柔性供应链服务商，都处于探索阶段。移动互联网想要渗透到某一工业领域或某一垂直行业，远比通信、购物、美食、出行这些领域难。企业想要打造智能全流程解决方案，必须进行自我探索。只有深耕于整个行业的人，才知道"互联网＋"的关键不在于技术能否实现，而在于场景如何融合、如何打通。即便场景能够打通，也需要庞大的体量支撑，才能实现商业应用。从财务角度或者纯投资的角度看，杰克的这几次尝试都是失败的。不过，作为一个行业的领导者，不去尝试，尤其不去尝试这些突破边界的事情，大概率会陷入温水煮青蛙的窘境而不自知。

2010年的商场战争，竞争的维度是供应链、产能、营销背后的综合能力，这些是可以用数据衡量的竞争。从德国提出"工业4.0"，到《中国制造2025》发布开始，竞争的话题又一次被放大，竞争的时间也被彻底拉长。"互联网＋服装"的话题足够大，这个跨度可能要到2030年才能见分晓，要到2045年才能真正奠定新的行业格局。

杰克要涉入服装产业更深的层面，将自动化、信息化、数字化、智能化的应用场景一一打通，不可避免要尝试新的场景，要对失败有新的认识，要有探索的决心、耐心和战略雄心。服装产业"工业4.0"的解决方案，必将经历从简单的应用场景，简单的应用解决方案，到解决方案的整合创新，再到新型工业互联，最终形成具有强大生态的演进过程。

未来的竞争是技术层面的竞争，而不仅仅是商业表象的竞争，这场竞争会持续几十年。是否有持久的投入，是否能够经受起短期的失败，是验证一个行业领导者能否保持现有格局的关键。

全球的缝纫机市场规模不过300亿元人民币左右，这样一个规模的行业，支撑起了全球几十万亿人民币的服装制造产业。服装产业升级能否成功，也决定了缝纫机行业的价值是否可以突破天际。通过科技的进步，以智能制造的升级带动人类生产方式的升级，在这个话题上，世界选择了中国，中国有广阔的试验场。

管理的效率

　　数字化是实现生产方式升级的基本手段，它还有两层重要的含义：一是数字化意味着企业管理活动是通过信息通信、互联网实现的，即企业的知识资源、信息资源和财富完全数字化；二是通过量化管理的技术解决企业的管理问题，即数字化的管理。

　　1999 年，成立更晚的戴尔电脑的销售量已经超过了行业老大康柏公司，戴尔依赖的关键便是成本优势。当时的戴尔已经做到了存货期只有 6 天，而中国同样优秀的电脑公司联想，存货期是 30 天。2000 年，戴尔在美国《财富》杂志评选的 1999 年度世界 500 强企业排行榜上名列第 210 位。戴尔运用了计算机通信和网络技术以直接面对每一个客户，按订单生产的营销形式，以更低的运作成本、更快的反应速度来完成管理。这正是典型的数字化应用。

　　2022 年末，乔诺创始人龙波发表了一篇名为《2023 年关键词：效率增长》的文章。文章中列举了四家优秀公司在 2017 年到 2021 年之间的三项关键数据，这四家公司分别是特斯拉、苹果、可口可乐、华为，三项关键指标分别是应收账款周转天数、存货周转天数、销管费用率。

　　应收账款周转天数和存货周转天数决定了企业的现金流管理水平。以苹果为例，其应收账款周转天数常年保持在 30 天以内，存货周转天数只有 5 天。而特斯拉作为超常规增长的公司，保持了应收账款周转天数的持续减少，从 2017 年的 16 天减少到 2021 年的 13 天，存货周转天数也从 2017 年的 66 天减少到 2021 年的 33 天。

销管费用率体现了企业销售效率和内部管理效率。在规模快速增长的公司，规模效益得到了充分的体现。特斯拉的销管费用率从 2017 年的 21.1% 下降到 2021 年的 8.4%；华为的销管费用率从 2017 年的 15.4% 下降到 2020 年的 12.7%。在规模下滑时，成功的企业依然能够有效管理，保持高的投入产出效率。可口可乐 2018 年、2020 年的收入均出现同比下滑，可销管费用率依然得到了持续的下降，从 2017 年的 35% 下降到 2018 年的 32%，2020 年进一步下降到 30%。

龙波想要表达的是：追求效率不是困难时期的救命稻草，而应该是一家企业的基本追求。这里需要表明的是数字化管理的重要性。例如戴尔，在 20 多年前已经在利用极致的数字化能力来改变供应链的结构，最直观的体现就是传统的经销商消失了。这些全球性的优秀企业如果缺乏数字化的基本能力，管理效率的提高也就成了一个伪命题，持续的增长必然无决策依据。

和杰克一样，中国企业的成长方式正在发生根本性的变化。传统的企业成长方式更多是依赖资源，靠对资源的控制形成优势驱动增长。资源性成长存在很大缺陷，那就是商业环境发生变化时，资源型企业由于具有庞大惯性而难以迅速反应，往往会丧失新的机会，成为时代转变的牺牲者。中国很多大型企业都面临的困境，实际上是由环境快速变化，企业无法迅速适应造成的。

数字化时代本质上是生产方式发生了变化，生产力极大地提高。资源型成长必须改变为管理型成长，通过管理规模的扩张达成企业的成长。

对于杰克而言，首先是人员结构的变化。作为一家近万人的企业，杰克的人员结构 20% 是高知识高学历型人才，剩余的 80% 是生产型人员。而成套智联解决方案则要求越来越多的技术型人才深入服装工厂、品牌商，提供专业的技术服务，而不仅仅是卖产品和设备；甚至有可能将来硬件的生产实现少人化、无人化，生产效率极大地提高。就像华为一样，近20万人的大厂，生产却由代工厂完成，华为本身几乎全部都是高精专业人才。所以，杰克未来可能会有数千、数万的研发、技术、服务等高层级人才。到那个时候，就会涉及管理的边界，管理的形式将发生变化，知识管理及传承变得越发重要。这种结构的人才形态，只能依赖数字化。

其次，数字化不仅体现在人员管理上，在解决方案上，企业也需要依赖数字化专业能力的不断进阶。人才结构的变化是为了应对下游的服装厂、品牌商甚至上游的纺织材料供应商。要实现整个产业的数字化改造，更需要数字化的能力改进，只有这样才能实现杰克的成功转型。

管理探索不仅仅是为了杰克自身管理能力的提升。要提高下游的服装厂、品牌商的效率，必然要深入研究并改进这些服务主体的商业模式和管理方式。杰克要成为比服装厂、品牌商更懂服装产业的服务商，这对杰克而言是一个极大的挑战。现在的问题不仅在于能力欠缺，也在于人才积累相对缺乏。

管理的探索是一条无止境之路。从科学管理思想到以人本管理为主的行为管理思想，管理的终极跃迁就是知识管理的出现。诸如华为、苹果、特斯拉等公司，组织的规模都非常庞大，而规模是人类管理的终极命题，不管是管理一个企业、一个城市还是一个国家，都是如此。尤其是对于跨国企业而言，如果没有清晰的知识管理体系，不依赖最基础的数字化能力，管理的探索和尝试就如无源之水，管理的效率更无从谈起。

JACK
杰克

全球化品牌

从德国到中国的成功

自第一次工业革命以来，不同国家在不同的时期分别演绎了不同的成功模式，从英国、美国的成功，再到日本、韩国的成功。可这些不同的经济模式又都面临着一些困境。它们先后发力于钢铁、汽车、石化、计算机、电子、通信，不过它们的终极归宿都是大企业。

以韩国为例，三星几乎承载了韩国国民经济三分之一的体量。韩国流传着一句话：在韩国有两样东西逃不过，那就是死亡和三星。在日本，丰田、索尼、三菱、软银、本田也都是稳定且不可突破的巨头。日本的传统大企业已经在最近十几年的时间里，在信息浪潮中迷失了方向；韩国的大企业——或许从来就不是真正的大企业，在金融危机中政商合一的体制之下，一心想通过企业树立国家形象工程，但这一模式就像囚笼一样，自我锁定。

在美国，通用、福特、微软、苹果、耐克、Facebook、埃克森美孚等企业，几乎都是各个行业的寡头。随着美国开始一心一意玩弄金融，通过所谓的金融创新来收割全世界，美国大企业也因为让人捉摸不透而纷纷被投资者抛弃，最终连汽车产业也逐渐被放弃。

自从中国加入WTO之后，英国、美国都开始逐渐抛弃制造业，"大企业"面临着一个尾大不掉的难题。如今，美国汽车工业早已不复当年勇。当初如雷贯耳的美国汽车三巨头——通用、福特和克莱斯勒，诞生于第二次工业革命时期，经过20世纪上半叶的发展，在1962年达到巅峰。当时的通用汽车占据了美国汽车市场一半的份额，三巨头加起来更是达到了惊人的 87%。但在之后的 50 年里，三巨头由盛转衰，其市场份额不断下降。2008 年金融危机后，通用汽车和克莱斯勒甚至需要靠美国政府的输血才逃过破产的厄运。2019 年，通用汽车只占据了美国国内市场份额的 17%，三巨头加起来也不过 44%。

那德国企业的情况又如何呢？

如果从世界 500 强的数量来看，德国不如美国、日本，甚至在大企业数量方面不如韩国、法国、英国。这似乎与德国作为世界第三大经济体的地位不符。可以说，德国大企业在全球并不占太大优势，不过这并不妨碍德国经济在世界上的地位。这主要在于德国有数量庞大且富有活力的中小企业作为支柱。德国中小企业占德国企业总数的 99.7%，就业人数也占 70% 以上。"二战"结束后，德国在废墟上崛起，数以万计的家庭支撑起了德国的中小企业，德国制造已经延续了 70 多年的传统。在 20 世纪 70 年代欧洲陷入全球经济滞胀的情况下，德国中小企业也开启了"二次创业"，德国政府出台了《中小企业促进法》。最终，政策扶持的效果明显，西蒙教授提出的"隐形冠军"便由此而来，德国成就了"隐形冠军之都"的地位。

在最近 20 年，以中国为代表的亚洲国家，以低成本重塑世界制造业的竞争态势。与此同时，德国中小企业在德国的战略地位越来越重要。不得不提到的一个现实是，德国欧洲经济"火车头"的地位在欧洲一体化的进程中，光耀度开始失色。甚至可以说，德国拥有一大批所谓的"隐形冠军"，却是在一个不那么起眼的"狭隘市场"里。

德国限制大企业、促进小企业发展的思路，和世界诸多国家的发展思路不一样，这使得德国企业有着非同一般的竞争力。德国的中小企业经济模式让企业发展更稳定，生存能力更强，长期表现向好，运行效率也相对较高。同时，这些企业全球化程度高，但是因为依赖单一类型商品，不得不横向扩张。

日本却是举国大企业体制，大企业之下是中小企业作为支撑。德国的中小企业很多具有独立的全球市场追求，日本的中小企业则更多以支撑本国大企业为主。所以，当中国在一些关键的领域，比如高铁、通信、新能源汽车、光伏、互联网等形成突破、实现弯道超车的时候，日本开始陷入恐慌。

在刚加入WTO时，中国需要的是德国那种模式——对中小企业进行成长扶持。不得不承认，德国这种扎实面对全球市场的经营模式具有持久性，而非从一开始就用规模来堆积明星巨头企业。中国要用全球化的竞争思维来应对全球范围的竞争——来自美国、日本、韩国、德国、英国、法国等国家的竞争。当中国的制造业进阶到一定程度的时候，必然要形成一批具有世界竞争力的大型企业，来应对全球化的挑战。

事实上，在长江三角洲和珠江三角洲地区，20年前，这些地方的企业多数还是中小企业，但今天，越来越多的大企业诞生，中国的世界500强企业也多数分布在这两个经济发达区域。在这些大型企业的身后，还有一批成长性不错、具有全球思维的单项制造示范冠军，即隐形冠军。这些企业的市场份额以全球为基数进行计算，而且有很多这样的制造示范冠军，在全球化之前已经完成了全球市场的拓展。杰克即其中的代表。

德国用了近50年的时间，积累起了大量的中小企业，隐形冠军的数量也足够多。但很显然，德国甚至欧洲狭隘的市场，使企业依然需要时间才能保持优势，企业还必须面对从自动化向数字化、智能化转变的难题。自动化、数字化、智能化是中国弯道超车的好机会，无论是哪一个领域，新一轮的竞争才刚刚开始。中国需要从德国、日本、美国、韩国等国家借鉴可用的经验，抢夺时间窗口，在广阔的试验场构建中国的成功模式。

从出海到全球化品牌

中国缝制设备的发展之路和中国其他行业领域的很多产品的发展路径一样，起步晚，但发展速度快；在满足中国本土的广阔市场之后，出海国外，占领海外市场，最终成为全球化品牌，并一步步向高端突破。白色家电、数码产品、中国高铁、中国汽车等都是如此，缝纫机产业发展的轨迹也是如此。

和中国的缝纫机械制造产业相比，中国的高铁起步时间更晚，和德国、日本等国家相比，晚了整整 20—30 年。2004 年中国高铁研究启动，2008 年中国第一条时速 350 千米的高铁线路京津城际高铁开通运营，到 2023 年初，中国高铁运营的长度增加到 4.2 万千米，稳居世界第一。同时，中国高铁的出海之路也是乘风破浪，土耳其、英国、巴西、俄罗斯、法国、印尼等国家都以不同的形式与中国高铁展开合作。以 2008 年算，这距离邓小平同志当年坐在日本新干线上发出感慨过去了整整 40 年。中国高铁的各项技术，已经通过广泛的产品成果及出海成果走在了日本、德国的前面。发挥后发优势并超越之，是中国在全球化市场中突破的核心能力。

自从加入了 WTO，中国制造就走在出海的路上，只不过早期的出海更多局限于产品。有赖于中国有利的环境，中国企业的发展稳定且底气十足。随着中国企业先借船出海，后买船出海，并逐步进入到造船出海阶段，企业也从单纯的贸易型全球化，逐步升级为国际化。随着中国企业越来越深厚的积累，品牌全球化成为越来越多企业的战略。

　　品牌全球化，也就意味着企业能够通过品牌的积累获得领先者甚至领导者的声誉，降低与客户构建关系、促成交易的成本。品牌也意味着潜在的市场、广阔的顾客群和优质的市场形象。宝洁、联合利华、可口可乐、微软、苹果、三星、丰田、大众等，这些企业都是通过输出品牌、技术和管理，获取了整个商业结果中的最大利润比。因为长时间的积累，这些品牌想要进入某一个区域或市场，也有很强的话语权。

　　品牌全球化的另外一面，是更加激烈和残酷的竞争。这是所有全球化企业都要面对的。

　　作为全球化的先锋企业，华为遭到美国的打压。美国的目的非常明确，那就是作为霸权主义及美元的全球优势，打压具有竞争优势的企业，保持美国的竞争力。当中国通过产品出海为美国提供便利，中国企业的全球化竞争水平没那么高的时候，中国企业还无法对美国企业形成威胁。但现在，中国的不少企业已然进入了从产品出海到品牌全球化的阶段。品牌全球化是一种高维的综合实力竞争，是产品、创新、研发、制造、供应链和价值主张的全面竞争，企业一旦在这种竞争中占据了有利位置，必然为某些国家或地区所畏惧。

　　品牌全球化是有能力、有实力的中国企业的必由之路，这些企业需要通过对核心价值链的掌控站在更高的位置，这是中国制造的未来。

　　杰克的联合创新伙伴SHEIN（希音），是2012年成立于南京的在线时尚品牌与平台（图4-6）。这家企业在成立之初就成功获得了数字化及电商的红利。从刚开始确立跨境女装产品线，到创新按需生产的数字化柔性供应链模式，一路经历了Facebook爆发期、电商增长期。此外，它通过与众不同的DTC（直达消费者）模式，快速成为全球范围内按需生产的冠军及最受欢迎的时尚品牌，SHIEIN的背后，是中国强大的供应链和仓储物流能力。表面上看，SHEIN抓住

图 4-6　2021 年，联合创新伙伴希音到杰克游学交流

了每一个机遇，本质上它却有着深厚的积累。随着 SHEIN 平台化战略深化，形成"自有品牌＋平台"双引擎，SHEIN 需要将柔性供应链能力赋能更多产业，带动更多产业从全球产业链"微笑曲线"的底部，向两端的品牌、技术和研发上升。换句话说，中国的产品从加入 WTO 之后就已经全球化，中国企业也在 20 多年的积累中逐步全球化，但中国企业的品牌全球化还在路上。目前中国企业单纯依赖规模及相对粗放的定制设计，在设计和品牌等关键因素上还有待突破。

从"中国制造"到"中国创造"，是摆在所有中国企业面前的重大课题。任正非说："没有伤痕累累，哪来皮糙肉厚，英雄自古多磨难。"从华为 30 余年的发展历程中，我们可以看到一个通信企业在国际巨头的缝隙中厮杀的艰辛。华为走了一条从农村到城市、从本土到海外、从当初的 2.1 万元到近万亿元营收的不凡之路。中国企业要从制造走向创造，华为的道路基本上就是它们的道路。

华为从国内走向国外，信心坚定，技术路线也非常清晰。任正非先生甚至为了集中力量投入 3G 技术的研发，顶住公司内部各方的压力，放弃了小灵通这样的机会性产品。因为技术的前瞻性非常关键，事实也证明在国际市场立足，产品和技术必须有所突破。

产品和技术的突破是品牌突破的基础。

华为通过 SingleRAN 这款产品一战封神，拿下欧洲主流市场的大客户订单，为华为的品牌全球化奠定了基础。在此之后，华为的 3G 技术取得突破，与苹

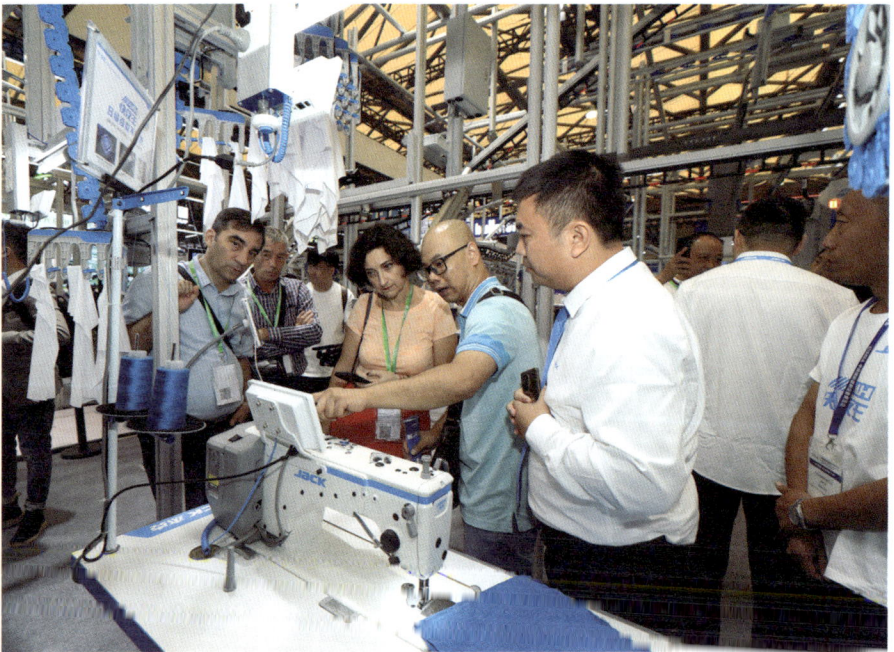

图 4-7　工作人员向海外用户介绍杰克 A60 智能物联平缝机

果手机的结合引发了智能手机的革命。2011 年三亚会议正式决定进军手机终端业务，华为最初的终端手机产品并不成功，但抱着"三代必出精品"的信念，以及持续坚定的投入和迭代，华为的消费者业务逐步壮大，成为了华为营收的绝对支柱。2019 年华为 5G 技术开启商用纪元，并在全球范围内陆续应用，使华为的品牌再次成为传奇。

华为如此，杰克也是如此，每一个中国企业都在经历这样的成长路径。品牌全球化是一个逐步积累，并在关键节点推动质变的过程。

要突破本土市场，走向全球化市场，中国企业需要越来越强的品牌自信，向世界讲好中国故事，将中国的专业服务带到海外；需要提高产品在全球市场中的市场份额，提高品牌的溢价，最终通过核心价值链的控制，实现跃升。如何达成这些？摆在中国企业面前的路清晰明确，那就是持续不断地创新和拓展数字化应用，在时间窗口内构建绝对的战略优势，实现弯道超车。

从制造到创造，构建这些战略优势需要通过持续的专注能力，需要开放的视野。企业要实现高新技术和全球质量的领先，构建综合成本的领先优势，并持续不断地提升管理水平，以科学的管理理念形成全球竞争力。此外，中国的制造企业要在世界舞台绽放，不可避免地要在同行间展开并购，以专业化构建规模化。兼并收购是加速资本集中、迅速扩大规模的一种重要途径。通过对企业原有业务的拆离、重组，企业卖掉不相关的、效率不高的部分，使经营集中于主业。这是中国制造想要站在世界领先位次所必需的一跃。

隐形冠军杰克

JaCK

05

专业人士看杰克

中国缝制机械协会理事长杨晓京访谈录

◆ **协会和企业在中国是怎样的协同关系?**

首先介绍一下什么叫行业协会。现代意义上的行业协会是伴随着中国市场经济的发展和政府改革的推进应运而生的。国内与国外的协会发展路径有一些不同,国际行业协会有很多是企业自发组成的,以缝制机械行业为例,德国、美国、日本的行业协会会长和重要的负责人,都是由企业负责人担任的。中国的协会尤其是"国字头"的协会,在成立之初,大多是由政府主导、企业参与形成的。中国缝制机械协会成立比较早,1984 年成立,2024 年即将迎来协会成立 40 周年。协会成立之初,是由国家轻工业部牵头组织、一些缝纫机骨干企业组成的。40 年来,协会中有一些正副理事长是专职的,企业负责人兼任副理事长的也有很多,但协会日常的工作还是由专职的正副理事长来完成。

自治性是行业协会的最本质特征,协会运作是一种自我管理、自我监督、自我约束的形式。协会日常的一些重大工作都通过理事会、常务理事会、理事长工作会议等形式来征求企业的意见,形成行业的共识,这是一个民主的过程。

◆ **杰克成为一匹黑马,在行业内脱颖而出,在您看来它有哪些独特之处?**

第一个是专注。杰克的成功很大程度上就是因为专注于缝纫设备的研发、制造,不做无关的事业,把所有资源、精力都聚焦在这个产业上。

第二个是把握了时机。杰克一直精益求精、提质增效，不断提升内生动力，追求高质量发展。比如 2012 年，全球知名的战略定位咨询公司为杰克未来做谋划。现在回过头看，杰克当时的这个战略定位很重要，定位不同，企业的发展不同，杰克将自己定位在中小客户群体，这在当时是非常精准的。

第三个是杰克的团队建设及文化建设做得非常好。杰克的企业文化给员工营造了努力创新、创业的环境。尽管杰克也是家族式的企业，但是它融入了很多现代企业的制度和方法。企业以什么样的管理方式运作很关键。比如，杰克当时邀请行业管理专家赵新庆担任董事长，这对企业管理、产品创新、质量把控、生产现场管理发挥了很大的作用。

◆ **现在杰克可以说是行业绝对的龙头企业，对于一个行业来说，龙头企业对整个行业的重要意义有哪些？**

一个行业一定要有龙头企业，龙头企业的核心作用就是示范、引领、带动。杰克研发什么新品，行业中其他企业也会跟随；杰克往哪个海外市场拓展，其他企业纷至沓来。我昨天（2023 年 6 月 15 日）与阮总说，"快反王"找到了服装企业的痛点，且有很多独家技术，这种示范效应会引领行业发展。

◆ **中国缝纫机的创新在全世界处于一个什么样的水平？您怎么看杰克的成套智联这一创新？**

中国已经迈入缝制机械行业强国行列。这不是自卖自夸，是有数据支撑的。在市场份额上，中国的工业缝纫机已经占世界总量的 85%，不仅如此，中国还强在自主研发、自主创新的能力上。2022 年，全球缝制机械行业申请各类专利 8112 件，其中外国企业申请各类专利 1524 件，也就是说，大多数都是中国企业申请的。中国企业的一些颠覆性产品在国际上是绝对领先的，比如说模板机。

当然，从具体的创新来说，国外的单机自动化还有一些优势；在品牌的知名度、产品质量的稳定性上，比我们国产的产品强一些，中国企业在这些地方还要继续努力。但是我们有两个方面的创新领先国外企业：一个是自动化缝制单元，就是把几道工序组成一个缝制单元，提高效率；另一个就是智能云平台建设，让我们完成从信息化到数字化的进步，这也是未来行业发展的方向。中国企业强在这两项上。杰克的成套智联，是单机自动化迈向数字化云平台的过程中一个很突出的应用场景。尤其是未来，下游的工厂为了提高效率、强化管理，需要信息化、数字化的升级和改造。我们缝制设备企业不光是卖机器，还要从生产制造型企业向服务制造型企业转变，提供整厂的解决方案。因此，成套智联的发展非常重要。

◆ **在产业链的下游，即服装的生产和销售端，"小单快反"是一个趋势。对于大厂来说，会不会有更多的形态出现？生产和销售方式会有怎样的变化？**

这涉及服装行业，做服装生产设备也要研究服装。我讲到过服装生产设备行业面临的6个新挑战、新特点，其中就提到大规模批量化生产的服装企业，如杉杉、雅戈尔、波司登这样的企业，它们的数字化改造和众多的一百多人、几十人的中小服装企业是不一样的，和汽车行业、家纺行业与皮革行业的数字化改造也不一样。这就需要设备生产企业进入下游用户生产一线量身定制解决方案，联合创新。比如，可以针对100人左右的服装类企业开发创新应用，打造一个样板，全国普及开来。不同的企业因为接单模式不同，可能会有一些微调，但共性的东西还是可以找到的。先把服装类，比如生产衬衫类的、西装类的企业怎么改造琢磨透，拿出成熟方案，再把它普及到其他行业，如家纺行业、产业用纺织品行业、皮革行业、软体家具行业。可能要一步一步来。

◆ **从未来全球的竞争来看，您对杰克的期许或者建议是什么？**

杰克已经达到 60 多亿元的年营收，这是迄今为止缝制机械行业单独一家企业所达到的顶峰。但我觉得还有上升空间，这个空间来自哪儿呢？

国外还有很多市场可以开拓。像中南美市场、中东市场、中亚市场、东欧市场，杰克可以再加快开拓步伐。还有一个是应用领域的拓展。现在杰克以服装为主，而家纺现在涉足的企业并不多，并且市场还是很大的。还有产业用纺织品、皮革、鞋帽、箱包、玩具、汽车、航空航天等行业，汽车行业目前是没有天花板的，新能源汽车发展很快，市场容量很大。

"快反王"厚薄通吃，应用领域还可以再拓展，如航空航天、降落伞等。我觉得 60 亿元不是顶峰，还有爬升的空间。从市场拓展、应用领域拓展出发，杰克仍然有很大的发展潜力。杰克要拓展，整个行业也要拓展。

杰克是龙头企业，作为龙头企业有的时候还得承担一些行业责任、社会责任。希望杰克在产品研发、市场开拓、竞争环境的重塑和知识产权保护等方面，进一步发挥龙头企业的引领、带动、示范作用。

迪卡侬（中国）纺织品采购区域总监姚佳灵访谈录

◆ **请您简单介绍一下迪卡侬的情况。**

迪卡侬是个全球化的法国企业，主要专注领域是运动品，现在总部在法国里尔。迪卡侬在全球 150 多个国家和地区有自己的零售店。现在全球有线下门店 1800 多家，在中国有 200 多家；欧洲最多，有接近 600 家门店。我是迪卡侬（中国）纺织品服装生产采购的负责人，加入迪卡侬 17 年，比较喜欢运动，才会加入这个企业，因为对服装有兴趣，才会从事这个行业。

◆ **迪卡侬和杰克的合作是怎样展开的?**

我知道杰克很久了，迪卡侬在中国的供应商都用杰克的缝纫机。

从 2018 年开始，迪卡侬自己也成立了"工业 4.0"项目组，这是一个比较重要的战略级项目，我们就在自动化方面寻找志同道合的合作伙伴，一起为整个产业升级换代努力。通过别人介绍，我们找到了杰克。2020 年，我第一次正式拜访了杰克，跟阮总一聊，发现我们有很多相似的理念，比如对公司的文化、整个行业和产业的发展思路的理解等。所以，我们很快开始了合作。一旦大的方向、愿景很类似，双方就很容易产生各种火花。一开始合作的项目是想开发一个环保的潜水衣品类，实现它的自动化生产，我们请杰克来看可行性怎么样。以这样一个小项目作为起点，合作逐步多了起来。

263

◆ **合作规模是如何一步一步扩大的?**

杰克跟我们供应商合作的深入程度已经很高了。迪卡侬的生产采购很多,因此我们对这个产业链的前端接触更多,包括纱线,有相当一部分的纱线是我们自己采购、自己加工的。所以我们的思路是通过掌握整条价值链来掌握它的成本,同时用未来的技术迭代来进行下一步的研发,推出新的产品。这个产品怎样做出来,跟设备是密切关联的,我们会接触各种各样的原料供应商、设备供应商进行合作,进行下一步开发。特别是在这几年"工业 4.0"的风口上,我们也跟杰克建立了越来越多的合作项目。迪卡侬与杰克通过软硬件的一体化解决方案,确定产品可行性,原材料供应商、杰克与迪卡侬三方合作,达到三赢的目的。

◆ **在合作的过程中,杰克哪些方面的特质会让迪卡侬更加心动?**

我觉得阮总及其团队身上有一种一点即通的特质,最让人心动。阮总是杰克的创始人,一点就通,我说一个idea,他说一个idea,一碰就通,会出现一整套的完整解决方案,这是杰克最大的特质。

很多想法起初都是模糊状态,但是放到一起碰撞讨论马上就通了,1+1大于2,这是我在阮总和他的团队身上发现的最大亮点。创始人对整个商业模式、产品迭代、产品优劣势和行业发展的理解,都是跟迪卡侬很匹配的,就是我们可以直接跟品牌对话,有共同语言。这种特质在整个行业中是独一无二的。我们也接触过缝纫设备行业的其他品牌,他们没有这个特质,就是在卖设备。而我们迪卡侬要了解行业价值链,要对行业有比较深的了解,同时要做产业升级,这跟阮总的想法是一模一样的。

这种特质对于服装行业和整个产业链来说,未来会越来越重要。以后的环境不确定性越来越大，我们自己也要居安思危，不断地精益生产、精益提高。未来的市场不是简单地卖产品，用商业语言来说，杰克是把客户第一、懂客户放在最重要的位置。他们理解客户，懂客户的需求，拆解它，提供不同的解决方案实现它。这也是愿景驱动，他们愿意在这方面深入地研究。他们属于产业链非常上游的企业，能够跟下游的品牌一起直接面对客户，完全打通、理解并且快速给出解决方案，是不容易的。

◆ **服装产业链比较长，从原料的种植到纺织、加工，这个产业链的创新可能有很长一个链条，协同性非常重要。未来，这种协同的创新会怎样呈现出来？**

跨界才有创新，虽然企业看上去是卖设备，但是软件是要注意的，因为以后是物联时代、"工业4.0"时代。要从自动化到智能化，一定要有一个数据库，包括供应链到产品数据库，才有可能实现"工业4.0"。杰克已经跨界了，杰克现在给我们的方案都是软硬件结合的，不是单单给我们一个设备，而是给我们整套方案，包括硬件、软件，并提供重要数据，并且告诉我们这个数据的增值在哪里，数据库从哪里来。特别是随着AI时代的到来，这样的协同创新为未来做了很好的铺垫。

◆ **您觉得软硬件结合在服装产业的发展进程中会呈现怎样的态势？**

杰克是第一个让我看到软硬件结合一体化，并且其一体化相对成熟的企业。很多软件公司可以找硬件商配合，但是杰克是第一家能够提供成熟的一整套方案的，我没有看到其他的企业做到这点。

日本企业软件创新的特质是比较闭塞，它的数据不能被其他设备读取，万物互联的可能性较小，开放性是一个很大的问题。行业内著名国际性品牌还停留在"工业3.0"时代，最多到自动化，但是如果上升到AI时代，一定需要以物联、软硬件结合、数据为基础的应用，才有可能做算法训练和自主运算。

与这种传统的生产方式相比，杰克现在推出的软硬件是一体化的，与智能化或者 AI 方向对比的话，将来效率的提高空间很大。

当然，现在说 AI 还太早了点，AI 是一个解决方案，最终目的不是 AI 本身。10 年前我就看到杰克对工厂的价值，比如它的模板机，在工人同等人数的情况下使产值营收提高了 3 倍。就是同样的 2800 名工人，10 年前产值 4 亿元，现在产值 12 亿元。软硬件协同对于管理效率的提升大约在 10%—30%。

杰克提出的成套智联跟"工业 4.0"、AI 的方向是一致的，是"工业 4.0"从自动化到智能化过程中的一个步骤。

把软件和硬件串起来，把设备和 ERP 串起来，是以后 AI 运算把数据库准确率提高的一个必要条件。有了这个准确的数据和范围，才有可能做 AI 运算。

杰克新发布的"快反王"，跟将来这个市场的智能化方向是一致的。我们是"快反王"的第一批使用者。我们有自己的服装工厂，它类似阿里犀牛的"灯塔工厂"，专门做前端研究。所以我们看到未来是多渠道发展的，不像以前是单一渠道，开个门店放点东西就能卖得出去，就能赚钱。现在是多渠道，抖音、天猫、淘宝、京东、唯品会，包括线下门店，多渠道发展带来一个必然的影响是需求增长的不确定性，一旦需求有大的增长，现在市场大多数的解决方案是准备库存。所以库存是一个很大的问题。我们要做到的就是在基本没有产品库存的情况下的低成本的"小单快反"，杰克这个产品就给我们带来了最大的优势。

以后的场景是设备不动，但面料一直换，而且是一天要换三款，不可能一个月只做一款东西，也不可能一个人在这个设备旁边坐一天，这样的时代已经过去了。

杰克迪拜合作伙伴 TDS 公司
总经理 Mr Sadeghi 访谈录

◆ **请您简单介绍一下贵公司过去的发展和现状。**

TDS刚开始是做二手缝纫机与家用机生意，因为看到了杰克的发展前景，1997年开始与杰克合作，刚开始只进口普通直驱平、包、绷机器，现在已经开始往电脑化转型，特种机销售额也逐年增加，了解到杰克的成套智联方案后，想让公司跟随杰克步伐往智能化发展。

◆ **您的公司是如何走向强大，并在当地市场占据绝对份额的？**

第一，TDS一直有信念一定要做好这件事，所以才能在遇到困难的时候坚持下来。

第二，TDS公司一直紧抓市场以及杰克发展趋势，无论是电脑化机器还是成套智联的出现，TDS都会紧跟市场，对自己公司内部进行调整。

第三，TDS公司从成立初期就一直注重售后，刚开始有很多竞争对手，但只有TDS一直提供最好的售后服务，这样就赢得了顾客们的信任。

第四，TDS一直知道团队的重要性，所以在公司逐步开始扩大时，也会不断加大对人力成本的投入。到目前为止，公司已有80多名员工对接各方面的工作。

第五，也感谢政府的支持，目前进口汇款受到一定的限制，贸易工作能顺利开展，政府也给了极大的支持。

◆ **这么多年，贵公司是如何与杰克进行友好合作的？如何形容你们的关系？**

TDS和杰克一直互相支持，也都给予对方高度的信任。因为一些特殊原因，汇款等遇到了非常大的问题，但是杰克一直给予很大的宽容，即使在有很多欠款的情况下，也会正常给TDS供应货物。当时由于中国正在抗击新冠疫情，货物供应不来，但TDS也一直忠于杰克品牌，并没有向其他品牌去寻求合作，所以说是这份互相信任让双方维持这么多年的友好关系。

◆ **在杰克的文化中，有哪些让您印象深刻？**

杰克的文化是一直进步的，每次到中国，都能感受到杰克的新鲜气息。

首先印象最深的是杰克的团队文化，每个部门都不是孤军奋战，都有强大的团队支撑着，这也是TDS信任杰克的原因之一。其次是杰克的目标文化，杰克已经做到中国最强了，但是不止步于此，杰克还想做到更好，这也鼓舞着TDS往前走。

◆ **杰克在2018年新推出了成套智联，您对成套智联的认识是怎样的？如何看待成套智联未来的应用和发展？**

首先成套智联一定是未来的发展趋势，但是不同的市场对此的接受度是不一样的。不像在中国或者越南，有很多大型工厂，在我们当地市场，目前只有在政府支持下建立的工厂才有实力及空间用上成套智联，但公司是很看好成套智联的，希望能逐步引入市场。

◆ **与杰克合作20多年里，你们与杰克共同成长，您觉得在这个成长过程中**

最大的收获有哪些?

不管是TDS还是杰克，都有生意好的时候，同时也有低迷时期。最大的收获是懂得了即使遇到再大的困难，也不应该放弃，合作这么多年后，到现在遇到难题，也能不慌不乱去解决。

◆ **对于未来的合作和发展，您有什么样的期望?**

TDS公司跟杰克一直有着同样的目标，在未来会努力紧随杰克的步伐，电脑化转型正在成为趋势，但依然有很长一段路要走，且对于成套智联，是一定会需要杰克提供更多帮助才能完成这个任务的，所以希望双方能一直保持紧密的联系，多交流沟通，克服这个转型困难。

菲尼克斯电气（中国）有限公司
高级副总裁邢震访谈录

◆ **可以介绍一下菲尼克斯与拓卡奔马的合作是如何开始的吗？**

回顾与拓卡奔马走在一起的历程，我们的合作最早可以追溯到杰克收购德国奔马前的一次行业展会，当时我们注意到奔马的展台特别引人注目，其展示的裁床设备功能强大、精准度高，是德国机械设备在可靠性与自动化方面的完美结合。通过交流，我们对其业务模式和产品线的市场定位产生了浓厚的兴趣，认识到双方应该会有更多的合作机会。之后通过不断深入了解，我们了解到奔马始创于 1933 年，是全球知名的自动裁剪设备供应商，享有服装 CAM（计算机辅助制造系统）的"奔驰"美称，并且在行业内拥有广泛的优质客户。我们也通过拓卡奔马上下游的客户、供应商等多角度了解到拓卡奔马在行业内的重要地位和良好口碑，了解到拓卡奔马通过技术创新贴合市场需求，不断优化产品性能，积极带动产业升级，给整个行业带来了勃勃生机。

菲尼克斯电气创建于 1923 年，是一家非常典型的德国企业，专注于电气连接、电子接口产品与自动化领域，也是细分行业的隐形冠军。经过近百年的持续发展，目前拥有 10 万多种产品，形成多样化产品组合。随着技术的不断进步，我们持续投入技术创新，结合市场需求变化，不断推动产品更新迭代，始终保持在全球电气连接、电子接口和工业自动化领域的领先地位。菲尼克斯电气始终秉承创新精神并将其付诸实践，积极以客户需求与技术进步为导向，为合作伙伴在工业器件与电子技术、装置连接技术、行业管理与自动化在内的专业化、精细化和差异化的器件、系统等方面提供解决方案。

从各自企业文化、行业使命等共性出发，双方一定能在合作过程中相互赋能、互相成就。我们多次主动与拓卡奔马的技术、采购团队取得联系，表达合作愿望，并全面介绍，菲尼克斯的产品有能力进一步地提升拓卡奔马裁床控制柜的性能。在合作的过程中，我们与拓卡奔马的团队保持了密切的沟通和协商，共同解决了一些难题，分享了经验和知识，以确保合作的裁剪设备达成预期的效果。

总的来说，我们与拓卡奔马走到一起是基于对他们业务的深入了解和认可，并通过积极的沟通和协商达成了合作意向。我们相信，这样的合作关系对于双方的业务发展而言，都具有战略性和长期性的意义。

◆ **菲尼克斯与拓卡奔马的合作是如何一步一步深入的？**

两家隐形冠军企业之间的合作从创新的Push-in产品开始，传统控制柜元器件接线采用螺钉方式，存在接线效率低和易松脱等缺陷。菲尼克斯和拓卡奔马先后合作使用Push-in方式的PT端子、PLC继电器、TRIO电源、M12连接器、PSR-TRISAFE模块等十数条产品线，特别是近10年来分别在拓卡奔马设备8001、8002、8003、E80、D100S、ELC，以及最新的S80超高精度裁床等上都有着深入的合作。菲尼克斯解决方案大幅提升了拓卡奔马的控制柜电气的可靠性能，同时也提高了接线装配效率。

自从2009年奔马和拓卡被中国杰克收购后，菲尼克斯中国公司积极参与其中，提供更具竞争力的本土化产品方案与服务，在质量稳定的前提下进一步提高性价比，通过本地分销商的配合，大幅降低了拓卡奔马的库存与交付压力。

尤其是在面对 2019 年第 9 号台风"利奇马"时，拓卡奔马临海厂区全面被淹、损失严重，但拓卡奔马灾后仅用两天时间就恢复了 60% 的产能，一周全面恢复生产。这一过程中我最深刻的感受是双方相濡以沫、共同克服困难的合作精神。当洪水来袭时，拓卡奔马立即与我们取得联系，向我们传达了生产线的受损情况、紧急需求和可能的交付延误；我们也立即调整了物流计划和交付时间，优先满足他们的紧急需求。拓卡奔马积极配合我们的紧急物料变更，并提供所需的技术协助，这种灵活的供应链管理帮助我们共同克服了供应链中断的难题。面对自然灾害的考验，双方建立了更紧密的合作伙伴关系。

◆ **作为拓卡奔马的供应商，你们的合作关系有什么样的特点？**

双方通过相互信任、积极沟通、灵活应变、相互支持和共同改进，共同创造了一个稳定、卓越的合作伙伴关系，满足了不同的市场需求，为双方的业务增长和成功做出了贡献。

◆ **在与拓卡奔马的合作中，拓卡奔马给您感受最深的地方有哪些？**

在每个合作机型中，我们都看到了拓卡奔马团队的专业和敬业精神。他们对质量的追求和对细节的关注，总是让我们印象深刻，尤其新产品引进有着严格的测试准入，有超过 6 个月的累计测试时间，以及就近签约客户车间实际工作运行，通过后还需多个子部门会签审核，为新产品批量使用的安全性夯实了基础。

供应链成本管理方面，拓卡奔马总是以极高的标准来要求自己，连续多年希望供应商同步做成本优化。在全球原材料涨价的环境下，这也给我们供应商带来了极大挑战。好在拓卡奔马和我们一起应对，积极安排优化方案测试对比，共同寻找解决方案。

除了专业能力，我们与拓卡奔马的合作还注重情感的交流和互动。我们经常进行面对面的会议和工作讨论，这不仅仅是为了解决问题，更是为了分享彼此的喜怒哀乐。尤其是一年一度充满家文化的供应商大会，给我们留下了无数个难忘的瞬间。这种温情的合作氛围使我们更加愿意与他们合作，并始终保持着积极创新和自驱力。

杰克领导下的拓卡奔马稳打稳扎，不断推出创新机型，成功激活中国国内和东南亚市场。这种严谨专业的拼搏精神，使其成为中国民营企业全球化经营的典范。

今年是奔马品牌成立 90 周年，祝愿拓卡奔马在杰克的带领下发展越来越好、蒸蒸日上，相信它必将迎来更加辉煌的 100 周年！

倍福（中国）自动化有限公司总经理马兴凯访谈录

◆ **作为拓卡奔马的核心供应商，倍福是如何与拓卡奔马走到一起的？**

在 2009 年，杰克收购了德国拓卡和奔马两家公司，并重组为德国拓卡奔马公司，同时逐步将其裁床的生产转移到国内，提出"一个奔马"的管理理念。

2012 年 7 月，由于裁床原有控制系统中的 I/O 模块采用的是 Beckhoff Automation 公司的产品，为了优化本地化服务，奔马的姚金领作为当时的技术经理联系了倍福（中国）的销售团队，双方于是开启了简单的产品本地化服务合作。2012 年底，经过技术交流和评估，双方开始共同开发自主裁床控制系统，这一长达 10 多年的深入技术合作至今仍在持续。

◆ **倍福与拓卡奔马的合作是如何展开的？**

2012 年 7 月，拓卡奔马根据当时国内裁床市场的需求，希望能在国内自主研发裁床的控制系统，引入更先进的技术。倍福自动化作为国内领先的自动控制系统供应商，具有丰富的经验和技术实力，因此双方开始了初次接触。经过前期的方案沟通交流和选型，拓卡奔马在 2013 年 4 月开始样机调试。在双方工程师的紧密配合下，从初步的培训开始，再到实验室里模拟使用 CNC 控制系统，最终到实际机台上进行简单的裁切，双方在 2014 年 7 月成功将首台自主研发的裁床交付给最终用户处试用。经过 2 个月的试用后，双方的工程师对一些较难解决的技术问题再度进行攻坚，经过 1 年的时间，开始小批量地试机。2015 年底，拓卡奔马终于确定批量生产销售 8003 和后续的 E80 机型，并在 2017 年正式开始较大批量的生产销售。

从 2012 年的初次接触到 2016 年开始批量生产，其间倍福自动化与拓卡奔马的工程师齐心协力，一起解决了一个又一个技术难点。同时，倍福自动化在商务上也提供了价格支持和备货支持，积极满足客户需求，并持续地关注拓卡奔马工程师的培训升级以及售后服务。

2019 年，拓卡奔马遭遇百年一遇的台风袭击，蒙受了巨大损失。这个困难时刻，倍福自动化提供了大量免费援助——包括 10 多万元的免费产品，为他们恢复重建伸出了援手。这不仅展现了倍福自动化的社会责任感，更体现了两家企业之间紧密合作的关系和相互支持的情谊。

2020 年后，倍福自动化和拓卡奔马紧密沟通，合作更上一层楼。在抗击新冠疫情的时候，虽然受到生产力、物流等多重因素的负面影响，倍福自动化依旧提前为拓卡奔马充足备货，确保了拓卡奔马从未因缺货而影响生产。同时，随着市场对生产智能化要求的提高，拓卡奔马需开发具有边走边裁、刀轨修正、定位磨刀等先进功能的高端裁床。倍福卓越的系统性能可以满足拓卡奔马在速度、精度、稳定性以及系统安全性等各方面的要求。因此，在综合考虑了性价比、技术支持、稳定供货等各种因素后，拓卡奔马总经理郑海涛先生邀请我于 2021 年 11 月 17 日进行详细的交流沟通，双方达成了开发高端裁床的战略合作协议。

在双方技术人员一年半的共同努力下，2023 年 5 月 18 日，新的高端裁床 S80 发布。这款裁床一经推出，即获得拓卡奔马经销商和最终用户的热捧，具有成为爆款的趋势。这次合作不仅为拓卡奔马带来了先进的裁床产品，也展示了双方在技术研发和市场推广方面的协同能力。同时，这也为倍福自动化和拓卡奔马之间的合作关系注入了新的活力和动力，为双方未来的发展奠定了坚实的基础。倍福自动化非常感谢拓卡奔马一直以来的信任和支持。随着双方的合作不断深入，相信拓卡奔马必将在裁床事业上获得更大的成功。

◆ **作为拓卡奔马的供应商，你们的合作关系有什么样的特点？**

倍福作为拓卡奔马的控制系统供应商，双方与其说是供给关系，不如说更像是紧密合作的伙伴。我们共同面对市场挑战，同时也分享发展机遇。在过去10多年的合作中，双方基于彼此尊重和信任，着眼于长期利益，致力于长期、稳定的合作，实现互惠互利、共同发展。这种战略合作伙伴关系的建立，为双方在技术研发、产品创新、市场拓展等方面提供了坚实的支持和保障，共同推动了双方的发展和进步。

◆ **在合作中，拓卡奔马让您感受最深的地方有哪些？**

作为全球超高精度裁床供应商，拓卡奔马进入中国市场以来一直坚持德国品质，并始终以本土市场的需求为导向。拓卡奔马通过中国制造与德国技术的完美融合，成为头部企业。随着科技不断赋能裁床行业，拓卡奔马持续创新驱动，不断以性价比更高、更智能、更具有竞争力的产品，以及更高标准的服务和支持，来满足客户对设备的功能性、专业性、先进性和定制化的诸多要求。

同时，拓卡奔马作为一家"流着德国血液"的国际企业，秉承着对"工匠精神"的执着追求。如同很多德国家族企业一样，拓卡奔马的企业文化中不乏和睦融洽、团结奋进的精神，这些都是拓卡奔马能够不断推进技术创新并取得成功的重要因素之一。

里斯品类创新战略咨询全球 CEO、
中国区主席张云访谈录

◆ **里斯跟杰克这样一个 To B 领域的公司进行合作的背景是怎样的？**

在里斯中国成立之前，阮积祥早就接触到了定位理论，并参加了特劳特等定位公司的培训和学习。他并没有聘请其他的定位咨询公司，是因为当时定位理论主要应用于快销品行业，在 To B 或耐用消费品等行业还没有过实践。

里斯中国成立后，我们的实践跳出了快销品行业的范畴。例如，我们为长城汽车等耐用消费品提供了定位咨询服务。在这个过程中，阮总发现了聚焦和趋势的重要性。我们研究了汽车行业的趋势，并提出了长城汽车应该聚焦于SUV领域的建议。这个建议使长城汽车在SUV领域迅速成为领先品牌，从 80 亿元做到 1000 亿元，这个成功案例给了阮总和杰克很多启发和信心。

阮总从这里面看到了几点：第一点，他之前一直困惑，是否可以不依赖大传播，就能把定位概念传递给客户，也就是说不依赖大量的广告就达成定位的效果。第二点，他看到的是聚焦，也就是趋势的力量——聚焦某一个有趋势性的品类，找到未来的趋势。看到长城汽车的实践后，他来上我们的课。阮总的理念与里斯非常一致，都觉得用这种方式能够解决 To B 企业的问题。在这个背景之下，他和里斯合作，带领团队来学习这个理念，充分参加研讨。尤其是聚焦的理念给他留下了非常深刻的印象，他也非常希望知道杰克的未来应该聚焦什么，怎样找到未来增长的引擎，应该把握的趋势是什么。带着这些问题，他来找里斯做咨询。

◆ **从 2012 年底到 2014 年，里斯与杰克合作了 2 期。这个合作的过程大概是什么样的？里斯最终给杰克提供了什么样的服务？这个合作是怎样一步步深入下去的？**

阮总带着他的管理团队上过里斯的好几次课，反复地上，大家希望能够对理论、方法、案例、实践达成一致，不过这是很难达成的。但是，这个过程非常有必要，大家在共同的话语体系里面讨论，看法不一样也没关系。主要问题有：要不要聚焦？这个阶段聚焦到哪里？聚焦的度是什么？在这些问题上虽然大家看法不一样，但是在一个维度、一个频道上讨论，高管每个人从不同的角度看待问题，看法不一样很正常。

我们刚开始做研究时，一个很重要的挑战是未来的趋势到底是什么。工业缝纫机的关注度很低，没有现成的数据，大家对未来很难作判断。当时杰克一直在努力争取一些大客户，争取那些大型服装厂的订单，要做中高端。但是我们研究发现，对于这些大客户来说，当时的杰克不是他们的优先选择。

我们研究了全球缝纫机客户的趋势，发现了一个特征：小批量、多单次，以及越来越追求个性化的服务、柔性的生产。这个趋势越来越明显，尤其是以淘宝为主的互联网购物平台崛起后。我们找了很多大学生到服装加工的集散地进行入户调查，发现这些服装加工企业为了灵活就业，订单非常分散。由此我们判断，未来服装行业的趋势，就是小批量、多单次，这是未来的主流，也是未来的增长点。在这个背景之下，我们建议杰克从以前的服务大企业变为服务中小企业。

中小企业最主要的痛点是什么？和大企业不太一样。因为一个中小服装加工厂就配置20—30台缝纫机，没有专业的机修服务人员，但这些设备又会出现各种各样的故障，因此中小企业对服务的要求比较高。杰克于是围绕快速服务建立了一套独特的定位。

第二阶段，我们看到另外一个趋势：中国劳动成本会越来越高，服装工厂转移是未来的大趋势。我们去了东南亚，也看了巴西、印度等国家的市场。国外的核心市场是印度，印度市场人口众多。因此，我们建议杰克做印度市场。

海外市场要做到"快速服务100%"，需要一个很长的过程，所以当时我们就提出了"China No.1快速服务"的理念。当杰克和其他中国品牌竞争的时候，中国第一的定位非常有价值。国外的客户要买中国的缝纫机，杰克是中国第一。

在这基础上进一步发展，杰克把中国战略复制过去，把"快速服务100%"导入，形成了一个支撑杰克在国外拓展市场的地位，形成了一个竞争的壁垒，也形成了全球统一的杰克品牌定位。

◆ **通过这两年的合作，杰克哪些方面的变化是比较大的？**

第一个是开始聚焦中小客户，再加上独特的定位和符合发展趋势的品类创新，杰克解决了当时销售的问题，赢得客户就比以前容易多了。国内市场高速增长，在增长的过程中企业解决了以前很多年积累下来的问题。比如部分老的经销商跟了杰克10年、20年，奋斗精神在减弱的问题。

我和阮总做过一个讨论，我说你先解决销售的问题，当企业往上走的时候，再做经销商的变革。如果有的经销商没有动力了，就分拆掉，在一个区域内引入竞争。以前经销商各自为政，管理困难，但是当企业往上走，销售势头很好时，导入培训，给他们目标，教他们方法，让他们成长，这样理所当然就可以淘汰掉不行的。这就形成了一个良性循环，不仅销售往上走，经销商的积极性也被调动起来，新的经销商逐渐导入，经销商的活力也被激发了。所以，定位导入之后，2012—2016 年，工业市场成长非常好，这是一个非常重要的变化。

第二个是杰克的服务发生了变化。因为"快速服务 100%"定位于服务，所以杰克在服务方面尝试了很多创新的做法。比如说，让规模较小的经销商变成服务的主体，能够真正地支撑"快速服务 100%"；内部还做了一轮又一轮关于服务创新的竞赛活动，思考怎样在服务上做各种各样的创新。

第三个是聚焦。因为提出聚焦中小客户，杰克的营销、市场、研发、产品有了明确的方向。明确了服务中小企业、中小客户产品需求的定位，价值的定位也就非常清晰了，整个营销的开展就更有针对性，效率也快速提高。

◆ **在和杰克接触的过程中，您认为杰克的文化有哪些令您印象深刻的？**

杰克给我印象比较深的，第一个是务实。我刚接触杰克的时候，它的规模还不是很大，阮总和同事们平时穿的都是工装，所有人都在食堂吃饭，一看就是一个创业企业。开会时大家都平等地发表意见、讨论问题，这种务实的特质让我印象深刻。

第二个是杰克的文化。阮总给我印象很深的地方在于董事长不是他，赵董（董事长赵新庆）、郭总（总经理郭卫星）都是职业经理人，这就是授权。这背后蕴含着什么？说明他很注重公司顶层机制的设计，我觉得这是很难得的。

再有一点，我有时候跟阮总开玩笑，说你每次见到什么新的东西都很激动。比如看到 O2O 模式出来，他就到我办公室和我交流。他不仅关注这些创新事物，而且马上就打算收购一家做O2O的公司，虽然最后失败了，但是我觉得他在关注新事物方面不仅仅是看看，而且要投入去试一试，这很重要，这都是学习成本。这说明，阮总在关注每一个变化，在做很多尝试。

◆ **不同的企业学习的意愿是不同的，从这个角度来说，杰克的学习能力或者对学习的投入，在整个行业中处于什么样的水平?**

我觉得总体上处于领先水平。优秀的企业肯定都是热爱学习的，杰克在To B企业里非常爱学习，也愿意在学习上投入。刚才我说到阮总带队把整个团队都带到里斯的课堂，他的目的是大家在一个话语体系里讨论，讨论之后，大家可以有不同的看法，杰克的管理团队很开放。

另外一个表现是，杰克会通过收购去接触新的事物。杰克收购的好几家互联网公司都不算很成功，我觉得这是学习的代价，这也是一种学习的方式。只要真正投入进去，肯定有收获。

当然，优秀企业的一个共性就是学习能力都很强。

◆ **现在杰克也在推下一个增长目标，有一个关键的突破就是品类，包括"快反王"，希望打造新的爆品。您怎么看这个品类打造的路径?**

对于杰克来讲，很重要的一点是需要新的增长曲线。杰克在中小企业的客户市场已经全球领先了，市场份额已经很高，如果要继续提高市占率，投入产出可能会非常有限。

杰克的下一个发展方向是高端大型客户的拓展。但面对大客户，杰克不可能用原来的产品，就像中国汽车品牌争夺高端用户不可能再用燃油车和奔驰、宝马竞争，只能用全新的纯电动、超级混动。对于杰克来说也如此，传统的、品质更好一点的工业缝纫机，我认为没什么用，杰克必须把握住技术的发展。

里斯跟《财富》杂志一起做过一个全球消费者心智的调研，大家认为，中国企业在互联网、5G、高科技行业、新能源上越来越领先了，这对于杰克来说是机会。反过来，工业缝纫机这个领域的电动汽车是什么？这是杰克需要思考的。要颠覆那些传统的缝纫机产品，关键在于创新，结合技术趋势的品类创新。

◆ **从长远展望的角度来说，这个行业未来的趋势是什么样的？杰克在未来全球市场上的格局，会是怎样的发展态势？**

我觉得杰克有一个很好的基本面，目前处于一个非常不错的位置。任何一个品类的领导者，都有很大的影响力和可利用的资源。现在它面临的任务是再上一个台阶，在工业缝纫机领域里面做到更大的份额。

杰克要获取更大的份额，仅仅依靠杰克这一个品牌，服务中小企业这一个品类，"快速服务100%"这一个定位还不够。从全球来看，凡是在一个大的行业里面有垄断性份额的，都是多品牌、多品类，高端市场有高端的品牌。这是杰克未来进一步成长要走的一条路。对杰克的认知在中低端客户那里已经形成了，修改这个认知的成本很高。杰克将来要继续发展，不能简单地推出一个高端产品，没有高端的品牌是不行的，而且还要结合趋势创新。

安永大中华区战略与交易咨询主管合伙人苏丽、安永大中华区战略与交易咨询浙江主管合伙人卢依婷联合访谈录

◆ **贵公司与杰克最初的合作是如何展开的?**

杰克作为全球缝制设备行业产销规模最大、综合实力最强的企业,2017 年中国民营企业积极"走出去"的大背景,正是它开展全球化进程的最佳时机。

杰克可以通过跨境并购和合作,建立全球化网络。为此,杰克也找到了我们安永。作为全球领先的专业服务机构,安永为客户提供审计、税务、战略与交易咨询和咨询服务等全方位专业服务,与客户分享全球顶尖企业的领先实务,通过优质的专业服务帮助客户实现长期发展与战略增长。

企业能否建立清晰明确的发展战略,并通过实施财务或并购交易的方式行之有效地执行该战略,将决定其日后的竞争力。作为在大中华区拥有 20 多年财务交易服务经验的专业顾问团队,我们可以为杰克提供涵盖整个并购交易周期的全方位服务。从杰克自身开始思考其增长和并购战略,到具体交易项目的实施,以及交易后的整合或剥离非核心业务,直至为保全和优化企业价值进行的重整和业务复苏,我们提供一揽子的高附加值解决方案。

杰克可以在我们的协助下,通过极具前瞻性的企业发展战略、分工明确又紧密配合的交易实施过程、精心设计的交易后考核和监控机制,不断提升企业

价值，从而提高股东、员工和社会的利益。随着全球经济日趋紧密的联系和互动，安永在全球遍布 90 多个国家的 9400 多名财务交易专业人员，都可以很好地为杰克在世界各地的增长和发展提供全方位的服务。

在此过程中，考虑到杰克需要全球团队对国际市场的经验和见解，又需要本土人员对客户需求的明确认识，安永大中华区 800 多名专业人员组成的财务交易咨询团队和安永全球团队紧密配合、快速反应，为杰克提供了优质的咨询建议。

◆ **请您介绍一下与杰克合作项目的情况。**

与杰克的第一次合作是在 2017 年上半年。那是一个英国的海外并购项目，我们安永为杰克提供了一揽子的财务交易咨询服务，包括了财务尽调、税务尽调及架构筹划、股权交易协议条款审阅、财务顾问以及估值等服务。我印象最深的是当时阮总的冷静、客观及出色的决断能力，这让我十分钦佩。

这个项目开启了安永和杰克之间的缘分，我们陆续为杰克后续出海提供相应的财务交易咨询服务，比如意大利的 Maica（迈卡）以及 VBM（威比玛）项目。不仅如此，我们每个财年还为杰克的年报提供财务报告估值服务。

总的来说，与杰克之间的项目合作是十分顺利、愉快并且充满专业性的，杰克与安永相辅相成、相互成就，因此我们在彼此的发展道路上变得更加坚定与专业。

◆ **与杰克的合作过程中，您看到杰克有哪些改变?**

第一，海外并购经验逐步增长。海外并购项目涉及大量的前期调研、中期财务税务尽调及估值判断、资本运作和并购融资、后期的并购整合等。通过与安永的合作，杰克在海外并购方面的经验逐步增长，对海外并购标的企业的判断和海外并购的执行变得更加游刃有余。

第二，视野更加开阔。海外并购项目的合作使杰克有机会接触不同国家和地区的市场以及企业，管理团队的视野更加开阔，对不同商业环境、法律法规和企业文化有了更深入的了解。

第三，跨境管理能力逐步提高。在海外并购项目合作中，杰克需要面对两地团队的协同和管理、两套法律法规的应用，以及不同语言和企业文化的融合，这些实践对提高杰克的跨境并购管理和跨境团队管理能力至关重要。

◆ **作为一家世界级的咨询公司，如何与杰克友好地合作，并助力杰克的发展？**

面对产品惠及全球 160 多个国家和地区，并拥有德国、意大利、北京、上海等多地协同联动的全球化研发平台的全球化企业杰克，我们安永可以用覆盖全球 60 多个国家的战略与交易咨询服务网络支持其未来的发展。

我们拥有一支技术精湛、经验丰富的咨询团队，它也是安永大中华区国际公司中最大的团队。

我们的团队拥有丰富的行业知识及财务尽职调查和估值分析经验。我们曾为众多知名企业提供服务，并承诺将持续为杰克提供全面的、卓越的专业咨询服务。安永为大中华区多个主要行业的客户提供针对性的服务和资源，并设立了多个全球行业中心，以协助杰克更有效地提高业内的竞争力。我们将精心挑选信息技术领域的行业专家作为项目成员，以确保为杰克提供更高质量及更高效率的服务。

◆ **在与杰克的合作中，杰克给您感受最深的地方有哪些？**

第一，执行力强。杰克团队具有很强的执行力，在项目中表现出极快的决策效率和实施速度，使得我们合作双方配合度极高，非常有利于项目进展。

第二，团队凝聚力高。杰克团队在合作过程中表现出很高的凝聚力，他们有着很强的集体主义意识和团队协作精神。

第三，责任心强。在遇到问题或困难时，杰克团队表现出负责的态度，这给我们留下了十分深刻的印象。

第四，勇于创新。杰克团队有着强烈的创新意识和激情。在合作过程中，杰克团队勇于尝试新技术、新想法，对提高合作效率和取得突破性进展产生了积极影响。

齐思工业设计咨询（上海）有限公司
总经理罗鞍访谈录

◆ **请您大概介绍一下齐思设计。**

我们是一家历史悠久的全球性设计咨询公司。自 1956 年成立以来，我们一直专注于产品设计和创新服务。作为最早从事工业设计的公司之一，齐思对工业设计领域有着深远的影响。

齐思有几个独特之处。首先是我们悠久的历史。早在 1956 年，工业设计还没有明确的定义时，齐思就在设计方法和理念上进行了诸多探索，见证了工业设计从雏形到发展的整个过程，从中也积累了相当多的经验和专业知识。

其次是齐思设计的德国传统。作为一家拥有德国血统的公司，我们在工作方法和设计哲学上都带有浓重的德国色彩，服务于例如博世、西门子、卡赫等许多德国品牌。尽管我们在全球设有 4 个工作室，但我们的设计理念和工作方式仍然秉承着德国的严谨和专业，这使得我们与许多在工业化领域从事设备和装备制造的企业有着良好的合作基础。我们注重设计和工艺的结合，以及理性的系统设计思维，这与这类企业严谨且可持续发展的价值观相符合。

德国设计在中国享有很高的声誉，这也是齐思在中国拥有广泛客户基础的原因之一。

◆ **因为你们很早就开始合作了，一下合作了这么多年。当时你们是怎样结缘的？**

齐思 2006 年在中国上海设立了设计工作室，主要为世界 500 强企业提供设计创新和咨询。杰克是第一位和齐思建立长期战略合作的中国客户。当时杰克的海外口号是 China No.1，代表他们已经在中国市场取得了优势地位。然而，杰克的理想不止于此。他们希望走向世界，提高利润率，提升品牌价值。杰克先找到里斯做定位策略，并从中了解到工业设计对于推动产品力和品牌力的意义。阮总当时也亲自拜访了很多国内外一线设计公司，以齐思为代表的德系设计的专业和聚焦，给阮总留下了深刻印象。杰克定位的"快速服务 100%"，可以通过齐思的设计在产品和品牌上得到实现。这促成了第一次战略合作。

◆ **关于"快速服务 100%"这个理念，齐思与杰克合作了哪些项目？期间又是怎样一步步深入合作的？**

齐思与杰克签订了一系列设计项目，负责整个产品线的设计语言，包含不同缝纫门类的产品，同时也涵盖了品牌设计，包括标志、颜色、网站、专卖店等各个品牌触点。为了确保设计语言在未来 5—10 年的独特性，我们进行了为期 3 个月的设计调研，以客观了解市场和杰克的产品状况、用户使用的痛点。

调研中，我们发现当时的缝纫机行业缺乏对于工业设计的关注，很多产品的外观相似度很高。又通过对用户的观察，我们提出了诸多创新点：将 USB 接口移到缝纫机前面以方便工人手机充电、使用风扇，改善工作环境；增加自动抬压脚，以减轻工人的劳动强度；引入语音提示，提升机器的亲和力和使用体验；贯穿机身的动感蓝色色带，成为让人眼前一亮的独特视觉锤，也成为最能代表杰克品牌的家族语言。这些设计创新都受到了客户的认可和市场的好评。

不过，从设计到落地，齐思和杰克还是面临了巨大的挑战。要实现产品的特殊设计，需要突破技术和工艺的壁垒，而市场上现有的供应链无法达到设计的要求，比如贯穿机身的流线型蓝色色带。创新过程中，尤其是在一个还没有引入完善工业设计理念的行业内，齐思和杰克在内外部都受到了很多的质疑。但是好的设计就是"不破不立"的。齐思的设计团队和杰克的技术团队，最终还是坚持了最初的设计理念，并找到了世界一流的材料供应商合作，解决了蓝色色带成本高、良品率低的问题。

杰克设计项目的成功，得益于双方对高目标的执着追求和持续改进的努力。虽然在落地过程中确实遇到了各种问题，但我们始终坚持为产品设定一个高标准，并"死磕"技术。

这种自上而下、以终为始的设计坚持，得到了市场的肯定和以阮总为代表的企业高层的赞赏和支持。他在产品上市时对我们表达了感激之情，并认可了齐思的设计和坚持，就此开始了双方长达10年的战略合作关系。这种关系非常难得，齐思秉持着对设计的专业态度，不仅仅单纯按照某一方的意愿行事，而是始终保持着独立的专业性，坚持同理心的设计态度，去帮助设计转化为商业上的成功。

◆ **工业设计往往有眼高手低的情况，因为从设计落地到规模化生产会有阻力，难度大大增加。这么多年，你们是如何处理设计、创新与生产之间的关系的？**

作为一家设计咨询公司，我们不仅追求创新，而且重视将创新落地。设计公司只是创新而不落地、只是停留在点子上是远远不够的。齐思有一套设计流程，通过嵌套在各阶段中的充分讨论和共识，确保设计符合客户和用户的需求，符合工艺和成本的要求，并解决技术上的问题。

设计调研也非常重要，从用户的角度出发深挖洞察，才能达到创新的高度。与之前服务大型企业的经验有所不同，在与国内企业合作时，齐思会进行更多的设计理念传达和教育，让客户了解设计的价值和流程。让更多人了解设计的价值，是齐思在单纯设计外的另一份使命。我们欣喜地看到，国内企业不断拥抱创新，甚至在开拓性和试错性方面具有更大的魄力。

通过与杰克的合作，齐思也改变了很多。我们以前都习惯于服务世界 500 强企业，他们往往有一套非常完善的设计流程，但是研发节奏相对比较慢，很多事情要全部想好、想清楚了，才按部就班去推进。这样虽然能保证项目的成功率，但创新程度可能就没有那么高了。自从跟杰克合作之后，我们也领悟到一些适合中国大中型企业的设计方法，提供定制的设计服务，非常敏捷快速。目前齐思的中国客户跟世界 500 强的客户数量"五五开"。

◆ **缝纫机行业是一个相对成熟的行业，你们产品创新的结合点在哪里？**

尽管缝纫机行业技术创新壁垒较高，但齐思通过对用户和市场的走访，还是能从设计的视角，洞察到一些看似普通行为下的设计机会点，从而进一步改善产品。通过调研，我们发现生产优质服装对工人和厂商来说非常具有挑战性，因为这些优质服装的制作过程十分复杂，并对材料有着高要求。尽管缝纫机行业在自动化方面取得了很大进展，但仍存在许多难以实现自动化的过程，需要大量的人为处理。这为我们提供了改进产品的空间，去人工化将一直是未来缝制行业的创新重点。

在与杰克合作的过程中，我们也发现一些大的社会趋势变化正在影响缝制行业，这为我们的设计带来机会。例如，现在在服装消费领域，个性化定制变得流行起来。过去一个款式可能需要生产 10 万件，而现在在直播销售中，可能一开始只需要生产 50 件或 100 件。这对于缝纫机的"小单快反"能力来说是一个挑战，因为每变化一次品类都需要对线材、缝纫机的参数进行调整，甚至包括工艺流程的变动。杰克正抓住这样的机会，通过工业设计来引领缝制行业的新趋势。

在新冠疫情期间，数字化生产的要求越来越高。齐思与杰克合作进行了许多创新，以打造数字化生产的未来。这涉及对生产细节的捕捉和记录，例如在图像识别领域与海康威视进行合作。以前，很难想象缝纫制造会和图像识别甚至人工智能这样的科技公司联手，但现在，我们看到了跨界创新的可能性。

◆ **通过这几年的合作，您觉得杰克比较大的改变有哪些？**

虽然杰克的规模不断扩大，但在流程方面，它变得更向创新倾斜。阮总的个人魅力和新的管理方法也给团队注入了能量。过去两年，他们一直在努力规模化的同时减少 SKU，但保持单品的创新高度。此外，他们非常重视品牌设计，在自媒体矩阵和产品发布方面都走在前列。齐思也在探索如何通过品牌设计将产品设计的故事更好地传达出来，让用户感知到。

◆ **合作这么长的时间，杰克给您最深的感触是什么？**

第一点，杰克坚持长期主义、强强联手的战略合作理念。齐思和杰克一直保持着长期合作，而不只是单向的甲方和乙方的关系。比如我跟阮总，包括和他们的高层，就是无缝连接的，对于任何设计上的咨询、想法、问题，我们都可以随时随地沟通，高层在 24 小时之内一定会有回复交流。我们看到任何在设计和技术上的趋势或者其他行业的新想法，都乐于第一时间和杰克沟通，输出我们专业的意见。

第二点，杰克奉行一句话："专业的事，让专业的人去做。"我非常感谢杰克的这个理念。一方面，这代表了杰克人谦虚好学的态度；另一方面，这代表了杰克人对专业的执着和不妥协，舍得投入，舍得花时间，让业界最好的人去做最专业的事情，并且给予足够的尊重和自由度。

思爱普（中国）有限公司副总裁舒翼访谈录

◆ **请您介绍一下与杰克合作的项目，杰克为什么选择与SAP合作？**

我们与杰克的合作一直非常密切，我大概从 2004 年开始与杰克接触。

从 2004 年开始，杰克管理的核心叫作产供销与财务一体，通过 SAP 进行企业的基本管理。2004—2014 年，随着企业的发展，杰克打算把企业内部管理拓展为集团化的管理，原来的杰克是单一的法人实体，后面收购了很多海外的企业，在国内也建了多个基地，企业组织模式、运营模式、生产模式都发生了变化，光用 ERP 就不够了。所以它在财务管理、人力资源管理等方面使用了 ERP 之外的一些拓展解决方案，来提高整个结构的效率，逐步适应业务发展与变化。

此外，它从提供单一的产品设备向提供完整的成套智联解决方案转变。杰克要向客户提供 MES，它给客户提供的不仅仅是工业缝纫机，还包含了工厂布局、客户的收益计算等等，所以杰克从 2014—2020 年也有了一次大的升级换代。我想这就是杰克选择 SAP 新一代产品的初衷。

杰克自己有 MES 和成套设备，计算出成套设备给客户带来多少业务价值和管理价值，在此基础上，我们与杰克一起搭建了一个价值分析模型。

这就是这些年双方的合作历程。

◆ **通过这几次的合作，杰克的改变有哪些？**

SAP的应用过程，其实就是杰克的改变过程。一方面，杰克开始了集团化运作、全球化运作，杰克在海外收购品牌，国内也在多品牌运作、多基地运作，这是横向的变化。

另一方面，杰克从单一的设备提供商向成套智联综合解决方案提供商转变，从提供硬件到提供完整服务。

此外，在内部管理方面，我们看到很多年轻有为的经理人发挥了越来越关键的作用，内部的管理精细化，管理水平也在逐步提升。这应该说是三条线的变化。

◆ **从您的视角，看到杰克的发展有什么特点？**

用几个词来形容：远见、格局、务实、创新。

什么叫作远见和格局？早在2004年，杰克从那么小体量的一家企业开始就在用SAP这个挺贵的软件，这是有远见。即便是世界500强企业，这么早部署SAP的公司也不多，所以可以看出，杰克从一开始就瞄着远大的目标，这就叫格局。

务实是什么？在有大气魄和格局的同时，对于如何应用好、如何实施、如何用更低的成本做大事，是非常清晰的，并且它的管理是非常精细的。在与几位阮总的谈判中，对方会告诉SAP：我们要做，但是商务的谈判还是需要精打细算，希望真正把项目深入推进下去，把SAP的最大价值发挥出来。

创新是什么？杰克的管理层能够看到成套工业缝纫机在行业里的发展方向，结合最新的工业互联网技术，一直向前不断突破。对新兴技术的应用，无论是北斗还是其他几位高管，都有非常清晰的创新意识。这种持续的探索对于创新非常可贵。

◆ 杰克在数字化方面的探索，在制造领域处于什么样的水平？

这可以分成两个阶段来说，一个叫信息化阶段，另一个叫数字化阶段。信息化阶段从 2004 年开始了，加上 2013 年、2014 年这一段时间，不仅仅是 ERP，包括对人力资源的管理、对集团财务的管理、对预算管理和对销售端的经销商管理，杰克都在做。而杰克的数字化实施运作的体量在整个浙江乃至中国民营企业里都算是先发先至，尤其是在 100 亿元规模上下的企业里，杰克的数字化领先优势很大。另外关键的是，杰克在持续不断投入，不像有一些公司的投入可能是阶段性的，做完一件事情以后很多年不动，我见过不少企业是这个样子的。

杰克信息化的阶段已经到了一个比较高的应用水平。数字化是信息化发展到一定阶段以后依托自己的产品，应用数字化技术，同时把内部的信息化手段和外部的数字化手段结合在一起。应该说，杰克属于最早探索数字化的企业之一。

当然，还不能说目前杰克的产品数字化到了一个很高的应用水平，因为数字化建设本身是一件新事情，现在大多数企业都还处于尝试、探索阶段。

◆ 杰克给您感受最深的地方有哪些？

从企业层面来看，20 多年来，杰克坚持在一个领域里面越做越深、越做越精，这是典型的工匠精神。德国有一种企业叫隐形冠军，杰克具备隐形冠军企业的特征。

德国有很多这样的企业，规模并不大，但它在一个领域里面做到了世界顶尖。杰克能够专注在一个领域里面持续做深做精，需要工匠精神。杰克并不像一些其他企业，搞房地产、资本运营或多元化经营，它不是这样的企业。我相信，未来杰克在服装智造成套智联这个领域里面一定会代表中国和世界的最高制造水平。

在企业内部，我经常听到杰克的一些年轻人很有活力的想法，他们积极、踏实、主动地做事情。从阮氏三兄弟到谢总，每一个人都是有格局、有远见的，当然也很精明，这个就是整个管理团队和公司的企业文化给我的最深印象。

杰克股份独立董事，武汉大学经济与管理学院教授、博导谢获宝访谈录

◆ **杰克这家公司与您接触到的其他公司相比，有哪些独特之处？**

杰克是一家极具行业地位和发展潜力的中国杰出企业。杰克的突出特点是始终强调人在企业发展中的中心地位，始终坚持创新驱动和技术驱动的企业发展路线。

◆ **作为杰克的独立董事，您是如何工作或呈现价值的？**

作为杰克的独立董事，我在公司的发展经营过程中努力呈现自己的专业化咨询价值和独立性监督价值。

◆ **如何看待独立董事在杰克运作机制中的价值？**

在杰克运作过程中，独立董事充分发挥了外部智库价值，持续为杰克公司输入最新的思想和知识；独立董事塑造了杰克规范、透明的声誉价值。

◆ **对杰克未来的发展，您怎么看？**

我相信杰克将始终秉承聚天下英才、揽硬核技术，做一流解决方案的发展思想，坚持ESG的发展理念（ESG是环境、社会和治理等多维度均衡发展，是可持续发展理念在企业界的延伸），与利益相关方一起共创、共享价值。

◆ **您如何看待杰克作为上市公司的治理情况？**

我相信良性治理是塑造伟大企业的坚实基础。

参考文献

[1]　"1880"发动价格战：新杰克新机型体验促销热议中的冷思考[N].中国服饰报,2014-06-20.

[2]　贝尼奥夫.云攻略[M].深圳：海天出版社,2010.

[3]　彼得·德鲁克.创新与企业家精神[M].北京：机械工业出版社,2019.

[4]　彼得·德鲁克.管理的实践[M].北京：机械工业出版社,2019.

[5]　彼得·德鲁克.管理的未来[M].北京：机械工业出版社,2019.

[6]　彼得·德鲁克.卓有成效的管理者[M].北京：机械工业出版社,2009.

[7]　彼得·德鲁克.组织管理[M].北京：机械工业出版社,2019.

[8]　彼得·圣吉.第五项修炼：学习型组织的艺术与实践[M].北京：中信出版社,2009.

[9]　陈攀峰.华为全球化[M].杭州：浙江大学出版社,2020.

[10]　陈霜晶,王园.人本杰克：中国民营企业人力资源管理模式[M].北京：机械工业出版社,2007.

[11]　陈霜晶.民企杰克：中国民营企业管理案例[M].杭州：浙江工商大学出版社,2015.

[12]　邓地,万中兴.坚守的价值：之江有机硅,一个隐形冠军的成长样本[M].杭

298

州:浙江人民出版社,2011.

[13] 邓地,万中兴.专注:解读中国隐形冠军企业[M].杭州:浙江人民出版社,2006.

[14] 董小英,晏梦灵,胡燕妮.华为启示录:从追赶到领先[M].北京:北京大学出版社,2018.

[15] 樊兰.宝石:特种兵的突围[J].当代经理人,2005(12):84–85.

[16] 樊尚·迪克雷.华为传[M].北京:民主与建设出版社,2020.

[17] 房煜,姚辉.杰克控股集团总裁阮积祥:功亏一篑的海外收购[J].中国企业家,2010(11):156–158.

[18] 高娜.两个修鞋匠的创业史——记温州南存辉和台州邱继宝[J].观察与思考,2008(19):31–33.

[19] 顾亚奇,常仕本,章晓宇.伟大的历程:中国改革开放30年[M].北京:中信出版社,2008.

[20] 国语洋.如何通过外国政府审查?看新杰克缝纫机在德国的连环收购[J].中国机电工业,2010(2):70–73.

[21] 何建明.台州农民革命风暴[M].北京:作家出版社,2008.

[22] 赫尔曼·西蒙.隐形冠军:未来全球化的先锋[M].北京:机械工业出版社,2022.

[23] 赫尔曼·西蒙.隐形冠军[M].北京:经济日报出版社,2005.

[24] 洪卫,金志良.浙江"新杰克"收购两德国名企[N].浙江日报,2009-07-17(1).

[25] 胡赛雄.华为增长法[M].北京:中信出版社,2020.

[26] 胡斯球.台州改革开放30年[M].杭州:浙江人民出版社,2008.

[27] 华为大学.熵减,华为活力之源[M].北京:中信出版社,2019.

[28] 黄卫伟.以客户为中心[M].北京:中信出版社,2016.

[29] 黄卫伟.走出混沌[M].北京:人民邮电出版社,1998.

[30] 黄新山.破茧:影响中国35个行业的隐形冠军[M].北京:中国经济出版社,2009.

[31] 吉姆·柯林斯,杰里·波勒斯.基业长青[M].北京:中信出版社,2019.

[32] 吉姆·柯林斯.飞轮效应[M].北京:中信出版社,2020.

[33] 杰克·韦尔奇.杰克·韦尔奇自传[M].北京:中信出版社,2002.

[34] 李廷,杨峻,顾庆良.全球产业网络重构中的中国纺织产业转移[M].上海:上海人民出版社,2012.

[35] 李万来.活力之源:中国企业文化经典案例[M].北京:中央编译出版社,2005.

[36] 李秀娟,张燕.当传承遇到转型:中国家族企业发展路径图[M].北京:北京大学出版社,2017.

[37] 厉以宁.改革开放依赖的中国经济1978—2018[M].北京:中国大百科全书出版社,2018.

[38] 柳井正.一胜九败:优衣库风靡全球的秘密[M].北京:中信出版社,2011.

[39] 龙波.规则:用规则的确定性应对结果的不确定性[M].北京:机械工业出版社,2021.

[40] 卢泰宏.品牌思想简史[M].北京:机械工业出版社,2020.

[41] 马章良.解读台州经济[M].北京:经济科学出版社,2016.

[42] 迈克·波特.竞争战略[M].北京:中信出版社,2014.

[43] 以企业报,浙商报略[N].人民日报海外版,2011-11-24(1).

[44] 彭剑锋,蔡菁.IBM变革之舞[M].北京:机械工业出版社,2013.

[45] 秦朔,戚德志.万物生生:TCL敢为40年 1981–2021[M].北京:中信出版社,2021.

[46] 阮积祥.杰克国际并购的探索与实践[Z].2013–03–14.

[47] 上海市华夏企业文化研究所.转型:上海纺织集团调结构、转方式纪实[M].上海:上海人民出版社,2012.

[48] 慎海雄,崔砺金.浙江"走出去"的启示[J].瞭望新闻周刊,2001(15):6–8.

[49] 史晋川,汪炜,钱滔.民营经济与制度创新:台州现象研究[M].杭州:浙江大学出版社,2004.

[50] 斯蒂芬·茨威格.人类群星闪耀时[M].北京:人民文学出版社,2018.

[51] 台州湾循环经济产业集聚区管理委员会.浙江省台州集聚区智能缝制装备产业创新服务综合体建设规划(2019—2021年)[R].2019.

[52] 陶勇.华为从中国制造到中国创造[M].北京:电子工业出版社,2020.

[53] 田涛,吴春波.下一个倒下的会不会是华为[M].北京:中信出版社,2017.

[54] 王寒.大话台州人[M].杭州:浙江工商大学出版社,2016.

[55] 王莉莉.飞跃集团:重组后,再出发——访飞跃集团董事长邱继宝[J].中国对外贸易,2010(2):46–48.

[56] 王千马,梁冬梅,何丹.新制造时代:李书福与吉利、沃尔沃的超级制造[M].北京:中信出版社,2017.

[57] 王喜文.中国制造2025解读:从工业大国到工业强国[M].北京:机械工业出版社,2015.

[58] 温铁军.全球化与国家竞争:新兴七国比较研究[M].北京:东方出版社,2021.

[59] 沃瑞丽.一件T恤的全球经济之旅[M].北京:中信出版社,2011.

[60] 吴照云.中国管理思想史[M].北京:经济管理出版社,2012.

[61] 武建.让服务成为竞争力:访新杰克缝纫机股份有限公司总经理郭卫星[N].中国服饰报,2013-04-16.

[62] 项飚.跨越边界的社区:北京"浙江村"的生活史[M].北京:生活·读书·新知·三联书店,2018.

[63] 新杰克:践行"快速服务100%"[J].中外缝制设备,2014.5.

[64] 新杰克:重构品牌价值[J].服装界,2012(8).

[65] 亚当·斯密.国富论[M].北京:商务印书馆,2019.

[66] 杨供法.文化精神价值:以台州文化为例[M].北京:中央编译出版社,2012.

[67] 叶永烈.邓小平改变中国[M].南昌:江西人民出版社,2008.

[68] 一根缝纫弯针的创富传奇[J].乡村科技,2013(2):14.

[69] 于晓宇,张益铭,陶奕达,等.杰克缝纫机:中国隐形冠军的成长交响乐[R].中国管理案例共享中心案例库,2020.

[70] 袁蓉.缝纫机与近代上海社会变迁1858-1949[M].上海:上海辞书出版社,2017.

[71] 约翰.变革之心[M].北京:机械工业出版社,2021.

[72] 约翰·伯恩.蓝血十杰[M].海口:海南出版社,1996.

[73] 约瑟夫·熊彼特.经济发展理论[M].北京:商务印书馆,1990.

[74] 张建伟.隐形冠军为什么:专注、务实与执著的终极商道[M].北京:北京邮电大学出版社,2007.

[75] 中共上海市委党史研究室,上海市现代上海研究中心.口述上海纺织工业大调整[M].上海:上海教育出版社,2007.

[76] 中国缝制机械协会秘书处.2018—2019中国缝制机械行业发展报告

[R].2018.

[77] 中国缝制机械协会秘书处.2019—2020 中国缝制机械行业发展报告[R].2020.

[78] 中国缝制机械协会秘书处.2020—2021 中国缝制机械行业发展报告[R].2021.

[79] 中国缝制机械协会秘书处.2021—2022 中国缝制机械行业发展报告[R].2022.